Dr. Peter A. Schult

Alles hat seine Zeit

Eine kleine Sammlung von tröstlichen Gedanken
mit Humor, Sinnsuche und Atemholen

mit Fotos von Klaus Friedrich

Mainspitz Verlag

© Mainspitz Verlag, 2. Auflage 2023
Covergestaltung: Matthias Bender
Fotos: Klaus Friedrich,
außer Seite 135 (© Bob Dmyt_pixabay, bearbeitet von Klaus Friedrich)
und Seite 172 (© Greg Montani_pixabay)

Mainspitz Verlag
Frauke Nussbeutel
Ginsheimer Straße 1
65462 Ginsheim-Gustavsburg
www.mainspitz-verlag.de

Druck: Volkhardt Caruna Medien GmbH & Co. KG, Amorbach

Das Werk, einschließlich seiner Teile, ist urheberrechtlich geschützt. Jede Verwertung ist ohne Zustimmung des Verlages und des Autors unzulässig. Dies gilt insbesondere für die elektronische oder sonstige Vervielfältigung, Übersetzung, Verbreitung und öffentliche Zugänglichmachung.

ISBN: 978-3-9824041-3-4

Vorwort

Der vorliegende Band von Dr. med. Peter A. Schult enthält eine Sammlung unterschiedlichster Aphorismen, Gedanken und kleiner Geschichten, die den Leser zum Schmunzeln, aber auch zum Nachdenken anregen – zum Nachdenken über sich selbst, über die Welt um uns herum und darüber, was wirklich in unserem Leben wichtig ist.

Die Texte geben Denkanstöße und eröffnen einen neuen Blick auf Dinge aus unserem täglichen Leben, die uns allen vertraut sind.

In dem kleinen Band finden sich viele unterhaltsame Geschichten aus dem Leben und auch so mancher tröstlicher Gedanke, der uns mit dem hintergründigen Humor des Autors präsentiert wird.

Alles hat seine Zeit – so lautet der Titel des Bandes und ich kann sagen, dass die Zeit, die ich mit dem Lesen der in diesem Band enthaltenen Gedanken verbracht habe, eine lohnende Zeit gewesen ist.

Volker Bouffier
Hessischer Ministerpräsident a.D.

... nur ein persönliches Vorwort

In meiner langen, allgemeinärztlichen Tätigkeit und später in meinem psychotherapeutischen Tun habe ich im Umgang mit meinen Patienten immer wieder ganz neue Lernprozesse erfahren: Selbst ganz komplexe medizinische Sachverhalte oder hartnäckige Konflikte im täglichen Miteinander ließen sich viel besser durch Geschichten, Gleichnisse oder Erzählungen beschreiben. So entstanden im Laufe der Zeit eine Reihe von medizinischen und psychologischen „Eselsbrücken", die hilfreich für ein Verstehen und für ein Verständnis von Krankheiten, Konflikten und Störungen werben. Als Anhänger einer positiven und christlichen Psychotherapie gefiel mir mehr und mehr auch die Einbeziehung der Patienten in Deutungsversuche von Geschichten und Märchen. Manchmal spielte sogar der Glaube eine nicht ganz unerhebliche Rolle. In unzähligen Kursen für eine „bessere und gesündere Lebenshaltung" mit ausgewählten Hypno-Entspannungsübungen beobachtete ich, wie es Menschen immer wieder gelang, über ihren Schatten zu springen und plötzlich andere Denkweisen anzunehmen. Für diese Menschen war das stets befreiend und für mich als Arzt und Therapeut spannend, dem Leben so direkt und indirekt zuschauen zu dürfen. Es ist keineswegs übertrieben, hier auch von einem Geschenk zu sprechen.

An dieser Stelle möchte ich es nicht versäumen jenen Patienten zu danken, die mich immer wieder ermutigt haben, meine Gedanken und therapeutischen Betrachtungen in einem Büchlein zusammen zu tragen. Dass sich dazu der Fotograf Klaus Friedrich mit wunderschönen Symbolfotos einbringt, macht das Anliegen noch anschaulicher. Die Kolumnen in der Zeitung „Neues aus der Mainspitze" – in 14-tägiger Erscheinungsweise – sollten ein Versuch sein, besonders erzählend (also narrativ) über Leben, Sinnsuche und Lebensstrategien zu schreiben. Dabei war es mir auch immer wichtig, gleichzeitig auf den Jahreszyklus und das

Weltgeschehen (Corona und Ukraine-Krieg) hinzuweisen. So sind schließlich 72 Kolumnen oder Geschichten entstanden, die hier zusammen in vier Zeit-Kapiteln oder Jahreszeiten vorgestellt werden. Dass die Texte dabei auch die vielen Feste und kirchlichen Feiertage in den Blick nehmen – wie zum Beispiel Christi Himmelfahrt –, spricht weiter für den kalenderartigen Charakter des Buches. Natürlich haben generell meine Deutungsversuche zur Coronapandemie hier unerwartet ebenso einen erkennbaren Platz eingenommen.

Interessant ist sicherlich auch das fünfte Kapitel, das auf Originaltexte zurückgreift, die aus Kursen, aus Besinnungstagen oder aus Predigten oder Gebets-Anliegen stammen. Diesen Auszügen liegt eine angenehme „Zeitlosigkeit" zu Grunde, so dass diese mühelos in Gesprächen innerhalb der Familie oder für die Arbeit in Gruppen benutzt werden können. Vielleicht entstammen aus solchen Gesprächen auch Anregungen und Kritiken, die für den Autor wichtig sind.

Dass mich auf der „Lebensreise" meiner 72 Kolumnen stets auch der Fotograf Klaus Friedrich begleitet hat, habe ich als besonderes Geschenk erlebt. Seine Symbolfotos haben den Inhalten der „tröstlichen Gedanken im Alltag" als wiederkehrende Kolumnen nochmals eine optische Vertiefung gegeben. Danke.

Mein besonderer Dank gilt meiner Frau Claudia Eder-Schneider, die die eine oder andere Themenidee vorgeschlagen hat und eine erste Korrektur der Texte vornahm. Frau Andrea Nisch-Kappler hat sich als Praxis-Sekretärin bei der Computer-Verarbeitung und Archivierung aller Texte unverzichtbar eingebracht. Danke. Ebenso möchte ich mich bei Frau Frauke Nussbeutel, der Verlegerin dieses Buches bedanken, die mit Geduld und Fachkenntnis das Buch gut und sinnvoll komplettierte.

Peter A. Schult
Ginsheim im Februar/März 2023

Personen, die in diesem Buch vorkommen

Wer ist eigentlich Tante Thekla?

Sie kommt aus dem katholischen Emsland. Sie war die Tante meiner Frau Claudia. Die vielen Erzählungen über Tante Thekla aus deren Familie sind dort so reichhaltig und bunt, dass Thekla – obwohl schon einige Jahre tot – immer noch sehr lebendig ist. Sie hatte eine ungebrochene Durchsetzungskraft, die niemand schadete, eher aber zum Formen und Fördern der ganzen Familie beitrug. Immer hilfsbereit, aber auch kritisch und zum gerechten Streit bereit. Eine wahrhaftige und unermüdliche Trümmerfrau, sofort nach den sehr ärmlichen Nachkriegsjahren. Eine Trümmerfrau war auch meine eigene Mutter Anneliese gewesen. Daher erklärt sich wohl auch die ungebrochene Über-Idealisierung von Tante Thekla – ich bitte um Nachsicht.

Wer ist eigentlich Onkel Georg?

Onkel Georg ist ein Ruf-Onkel meiner verstorbenen Frau Anneliese aus der Eifel-Verwandtschaft. Er ist das männliche Spiegelbild von Tante Thekla: ein bescheidener Handwerksmeister, kirchlich und sozial engagiert, kein Langweiler, sondern ein Philosoph durch und durch. Leider ist auch er schon verstorben. Er beschäftigte sich sehr gerne mit den schwarzen Schafen in Kirche und Politik und sammelte viele Zeitungsausschnitte. Mit reichlich Notizen und Eintragungen sorgte er in seinem Tagebuch für reichlich Lesestoff – auch noch für viele weitere Kolumnen. Dort bleibt Onkel Georg ebenso lebendig wie sein weibliches Pendant aus dem Emsland.

Was ist mit den genannten Patienten?

Natürlich gilt auch hier in diesem Buch der Daten- und Patientenschutz. Die Patienten-Beispiele sind verfremdet und bewusst so verstellt, dass das Erkennen der eigentlichen Person nicht mehr möglich ist. Noch nicht einmal der Patient selbst würde sich hier gespiegelt sehen. Eher wohl aber viele Leserinnen und Leser – ungewollt und unbewusst.

Alles hat seine Zeit

JAHRESBEGINN, FRÜHLING UND GESTALTEN

JAHRESBEGINN, FRÜHLING UND GESTALTEN

Gerne erinnere ich mich an ein Wort der amerikanischen Schriftstellerin Alice Walker (* 1944), die einmal formulierte: „Solange die Erde es schafft, jedes Jahr wieder Frühling zu machen, will ich es auch tun." Mir gefällt diese Selbst-Verantwortung und dieser Eigen-Impuls zum Aufbruch und Neubeginn. Das ist nicht immer einfach, aber notwendig. Denn unser größter Feind unseres Lebens ist die Resignation. Negative Denkweisen führen zu Hoffnungslosigkeit. Gerade auch der Frühling zeigt uns, dass selbst totgesagtes Leben wieder aufblühen kann. Was in der Natur so selbstverständlich geschieht, kann sich auch in unserer menschlichen Biologie vollziehen. Alles hat seine Zeit. Von der Natur dürfen wir lernen. Ein wärmendes Frühlingsgedicht verjagt den kältesten Februar. Eine gut gestaltete Fastenzeit knüpft an eine quietschfidele Narrenzeit. Immer bricht etwas Neues auf. Und das ist gut. Das Leben ist so kurz, das Glück so selten. Genießen wir diese Zeit.

... über Tante Thekla, ihre Glücksschlüssel und über die spanischen Glücks-Trauben

Die Leserinnen und Leser dieser Zeitung haben – so lassen es die regelmäßigen Rückmeldungen vermuten – offenkundig „Tante Thekla aus dem Emsland" bereits in ihr Herz geschlossen. Danke. Ihr resolutes Auftreten einerseits, aber auch ihr Festhalten an alten Bräuchen und Traditionen haben in dieser Rubrik Spuren hinterlassen. Faszinierend waren ihre knusprigen Waffeltüten, die sie zu jedem Jahresbeginn als Neujahrskuchen eifrig in der Nachbarschaft, bei Freunden, dem Bürgermeister und dem Pfarrer darbot. „In den Tüten liegen die Wünsche und Hoffnungen für das neue Jahr", merkte sie augenzwinkernd an. Die Leute mochten den Umgang mit ihr.

Einmal verweilte Tante Thekla über Silvester in Spanien. Dort habe es den Brauch gegeben, dass in der Nacht der Jahreswende, mit den zwölf Glockenschlägen um Mitternacht, bei jedem Glockenschlag eine Traube verspeist wurde. Die sportliche Aufgabe dabei war, dass mit jeder Traube ein Wunsch für das kommende Jahr ausgesprochen wurde. Das ging natürlich nicht ohne Vorbereitung auf einem heimlichen Merkzettel, denn es sollte ja zügig gesprochen werden, denn die Glocken schlugen nur einmal in Folge und beim zwölften Glockenschlag sollten die Wünsche vorgetragen sein. „Immer geht es um das Glück", resümierte die beschlagene Tante.

Das Glück ist jedes Jahr ein wichtiges Leitthema rund um die Silvesterfeierlichkeiten und in den ersten Tagen des neuen Jahres. So schenken sich immer noch viele Menschen vielfältige Glücksbringer in Form von kleinen Schornsteinfegern, Schweinchen, vierblättrige Kleeblätter und Hufeisen. Bei so viel Glückssymbolik hat sich sogar der Glaube etabliert, dass die Gewinnchancen bei Lottospielen zu Silvester besonders hoch seien. Belege gibt es natürlich keine dazu.

Was ist Glück? Eine schwierige Frage, weil so vieldeutig. Es scheint auch keine Glücksformel zu geben. Auch die internationale Glücksforschung der letzten Jahre zeigt, dass es keine universelle Formel für das Glück gibt. Wohl aber werden von Therapeuten immer mehr die Glücksschlüssel wie Liebe, Freundschaft oder Anerkennung ins Spiel gebracht. Auch Verbundenheit, Nähe und Freiheit als tiefe und glückliche Lieblingserfahrung. Die geistlichen Begleiter sprechen gerne von Achtsamkeit oder Gelassenheit als Glücksschlüssel. Die

JAHRESBEGINN, FRÜHLING UND GESTALTEN

Glücksschlüssel liegen in unserer Hand, weil alle unsere Gefühle, Gedanken und Handlungen aus einem Gedächtnis entstammen, was wir Erfahrung nennen: Sich glücklich fühlen können, ist eine Kraft von innen, auch ohne objektives Glück. Sich in einer Balance zu erleben, kann für viele Menschen Glück bedeuten. Glück scheint eine schöpferische Arbeit zu sein, im Einklang mit viel Innerlichkeit. Klingt jetzt schwierig, meint aber: Schaffe eine gewisse Ausgeglichenheit in Dir, versöhne Dich mit Dir selbst und teile dieses Glück mit anderen. Dann wird dieses Glück sogar multipliziert.

Tante Thekla definierte Glück ähnlich. „Glücklich machen sei das höchste Glück. Aber auch dankbar empfangen können ist ein Glück", sagte sie oft. Und dabei zitierte sie ein Kirchenlied, das nur einmal im Jahr, und zwar am Silvesterabend, gesungen wird: „Der Du die Zeit in Händen hast, Herr, nimm auch dieses Jahres Last und wandle sie in Segen." Segen und Glück? Passt irgendwie zusammen – oder?

Glück gehabt?

„Ich hatte viel Glück in meinem Leben", bemerkte kürzlich ein schwerkranker Patient und sprach liebevoll von seinen treuen und guten, jedoch armen Eltern, die beide früh verstarben. Bei diesen hätte er stets tiefste Geborgenheit erlebt. Nichts schien diesem 65-jährigen Patienten für die Zukunft zu erschüttern. „Wissen Sie, das eigentliche Erbe meiner Eltern war die Liebe von Mensch zu Mensch." Er wisse jetzt, dass sein merklicher Kräfteverlust und seine körperliche Schwäche von eben dieser Liebe aufgefangen werde.

Ist das Resignation oder geht diesem Menschen einfach nur die Luft aus? Warum hadert er nicht wie die meisten anderen Betroffenen? Hat er keine Lust auf Lebens-Maximierung? Nein, wie ein Verlierer wirkt er nicht. Vielmehr wirkt er so ruhig und versöhnt – vor allem mit sich selbst, seiner Umwelt und seiner Biographie. So versöhnt, als trüge er die Liebe seiner Eltern immer noch in seinem Herzen.

Der Arzt wird still. Worte sind nicht mehr nötig. Jetzt weiß ich, wie sich Glück anfühlt, wenn man sich in Liebe getragen weiß.

Und was lernen wir aus dieser Geschichte? Glück ist wie ein Maßanzug. Unglücklich sind nur diejenigen, die unbedingt den Maßanzug eines anderen tragen möchten.

JAHRESBEGINN, FRÜHLING UND GESTALTEN

Seifenblase oder Zuversicht?

Ehrlich gefragt, was machen denn Ihre Vorsätze im neuen Jahr? Gibt es diese noch oder sind sie schon wie Seifenblasen geplatzt, weil zu groß und mächtig?

Wer zu viele und zu große Vorsätze auf einmal bewältigen will, scheitert am ehesten. Enttäuschungen bleiben da nicht aus. Die kleine Seifenblase hat eine bessere Überlebenschance, platzt nicht so leicht und fliegt etwas weiter. Kleine und überschaubare Vorsätze haben immer eine bessere Prognose. Ein Versuch ist es Wert. Leben ist immer eine Aufgabe. Nichts geschieht von selbst. Und eine glückliche oder weise Lebensführung gelingt keinem Menschen durch Zufall.

Man muss – solange man lebt – lernen, wie man leben soll, sagen uns die alten Philosophen. Und Dietrich Bonhoeffer ergänzt: „Das Leben ist Gottes Ziel mit uns!" Zu fromm oder eine klare Angelegenheit, vielleicht sogar ein Trost für das neue Jahr? „Von guten Mächten wunderbar geborgen, erwarten wir getrost, was kommen mag. Gott ist mit uns am Abend und am Morgen und ganz gewiss an jedem neuen Tag", so das berühmte Lied von Bonhoeffer. Dies ist alles andere als eine Seifenblase.

Wir Menschen sollten mehr Vertrauen in unser Leben integrieren! Diese Perspektive macht alles viel reizvoller und auch einfacher – auch für unsere Vorsätze – oder?

… über Tante Thekla, die Endhaltestelle und die Busfahrer

Was wäre der Beginn eines neuen Jahres ohne an Tante Thekla aus dem Emsland zu denken. Es wäre unhöflich. Über ihre legendären Neujahrskuchen hatte ich bereits berichtet. Es waren dies die kleinen Waffeltüten, natürlich mit Sahne gefüllt, stellvertretend für die guten Neujahrswünsche. Theklas Nachbarschaft, ihre Verwandtschaft und auch die Kirchengemeinde wurden damit beschenkt.

Aber es gibt noch eine zweite Geschichte. Tante Thekla wohnte nicht weit von Meppen, direkt an einer Bus-Endhaltestelle. Darauf war sie stolz. Stets pflegte sie zu sagen: „Die Busfahrer bringen mich alle persönlich nach Hause." Dadurch machte sich Tante Thekla selbst zu einer prominenten Frau. Nicht nur, dass sie für die Busfahrer ihre häusliche Toilette zur Verfügung stellte, nein, sie kannte auch deren Geburtstage. Eigentlich war sie auch eine kleine pastorale Miss Marple. Sie erfragte ein wenig das Leben der Busfahrer. Und damit wusste sie viel über ihre Männer, besonders von deren Kummer und Sorgen.

An Weihnachten, auch vor und unmittelbar nach dem Jahreswechsel, pflegte sie besonders nett und großherzig zu sein. Irgendwoher beschaffte sie sich immer einen aktuellen Dienstplan. Jetzt wusste Tante Thekla, welcher Busfahrer am Heiligen Abend oder an Neujahr Dienst hatte. Kaum hatte einer dieser Fahrer die Endhaltestelle erreicht, dann lief sie schon über die Straße und überreichte ihm ein kleines persönliches Geschenk – nicht ohne eine kleine Ansprache: „Ich möchte Ihnen danken, dass Sie stets mein Haus mit einem kurzen Besuch und einer erholsamen Pause würdigen. Dafür sollen Sie von Gott gesegnet sein."

Auch dem härtesten Busfahrer trug es zuweilen Freudentränen in die Augen. „Buslenker sind eben auch nur Menschen", bemerkte sie dann still. Bei einem der ganz jungen Busfahrer wurde sie sogar zu dessen Hochzeit eingeladen. Traurig war der Tag, an dem sie zu einer Beerdigung eines pensionierten Fahrers aufbrach, den sie den „Spanier" nannte, weil er etwas dunklere Haut hatte. Dieser erzählte immer begeistert von Lourdes, dem

JAHRESBEGINN, FRÜHLING UND GESTALTEN

berühmten Wallfahrtsort am Fuße der Pyrenäen. Unsere Tante Thekla war selbst einige Male dort gewesen. Das verband die beiden, auch über den Tod.

Nach der Beerdigung des „Spaniers" band Tante Thekla eine Rose an das Busschild der Endhaltestelle. Ein anderer Busfahrer brachte zusätzlich noch ein Foto des Verstorbenen darunter an. Den Ortspfarrer bat sie selbstverständlich auch um ein Gedenken in einer Messe. Diese Verbindung liebte sie. Menschen waren ihr nie gleichgültig. Theklas Lebensmotto war: „Nächstenliebe beginnt stets vor meiner Tür." Also, dann legen wir mal los!

… über das Geschenk der Gelassenheit und die Zeit, die wir nicht nutzen

Es gibt Menschen, die sind von Zeitdruck geplagt. Sie wissen oft nicht, wo ihnen der Kopf steht. Sie hasten von Termin zu Termin. Sind das die Getriebenen?

Vor Corona waren dies immer Livesituationen. Jetzt, in der spannenden Zeit der Hygieneregeln, geschieht dies in virtuellen Räumen, am Telefon oder in nicht enden wollenden E-Mail-Dialogen. Andere Menschen erleben den Tag als gähnende Leere und wissen nicht, wie sie sich die Zeit vertreiben sollen. Sind das die Langweiler? Auch diese Menschen haben ihre Probleme.

Was ist überhaupt Zeit? In der Physik zählt die Zeit als mathematische Größe. Sie läuft stetig und unaufhaltsam in eine Richtung ab: von der Vergangenheit, die wir sogar erforschen können, bis hinein in die Zukunft, die leider nicht kalkulierbar ist. Zeit bleibt ein Geheimnis. Von der Geburt bis zum Tod. Viele Menschen kommentieren dazu: „Ja, ja, die Zeit vergeht wie im Flug!" Das schafft Zustimmung – oder Schweigen. Aber man kann zuweilen auch hören: „Nein, nein, nicht die Zeit vergeht, sondern das Leben." Wieder Zustimmung, jetzt aber noch mehr Ernüchterung. So auch im Psalm 144: „Ist doch der Mensch gleich wie nichts; seine Zeit fährt dahin wie ein Schatten." Nach dem Psalmisten hatte auch der römische Philosoph und Naturforscher Seneca (eins bis 65 nach Christus) seine These parat: „Es ist nicht zu wenig Zeit, die wir haben, sondern es ist zu viel Zeit, die wir nicht nutzen." Wohl richtig.

Wie aber kommen wir zu einem gelasseneren Umgang mit der Zeit? Wie stellt sich die Frage nach einer Qualität von Zeit? Eine Zeit, die nicht nur an der Uhr abzulesen ist. Zeit als Gewinn. Zeitgestresste, tatkräftige oder leistungsorientierte Menschen können gut verstehen: Auch Ruhe muss geschaffen, gestaltet und manchmal auch organisiert werden. Sonntage, Urlaubstage, Fest- und Fastenzeiten können da etwas Heiliges sein. Alltagsstress und die ewigen Hamsterräder der Ich-Süchte und des Wichtig-Tuns können unterbrochen werden. Auch unsere Corona-Ängste.

„Alles hat seine Zeit", so steht es im biblischen Buch Kohelet (2. Jahrhundert vor Christus). „Wieder lernen, sich selbst zu spüren – nicht durch Leistung, Arbeit und Alltagsroutinen. Einfach nur sein, anstatt immer zu machen", ergänzen heute Ärzte und Therapeuten. Dann kann Zeit zum Geschenk werden. Immer dann,

wenn Gelassenheit sich Zeit nehmen darf, entsteht ein Gewinn für die menschliche Seele. Suchen und Finden von eigenen Ritualen ist dabei unerlässlich: Alles hat seine Zeit! Die Trennung vom Wesentlichen zum Unwesentlichen bleibt dabei immer die größte Herausforderung. Klarheit ist nötig. Denn es gibt eine Zeit zum Arbeiten und eine Zeit zum Ruhen; es gibt eine Zeit der Furcht und eine Zeit der Freude; es gibt eine Zeit zum Sähen und eine Zeit zum Ernten; es gibt eine Zeit, alte Ideale zu verwerfen und neue Perspektiven zu suchen; es gibt eine Zeit der Trauer und eine Zeit des Lachens; es gibt eine Zeit des Betens und Nachdenkens und es gibt auch eine Zeit des Ausblendens; es gibt eine Zeit der Pandemie und es gibt eine Zeit danach. Alles hat seine Zeit.

Die Zeit ist großartig!

… über die Altweiberfastnacht, Tante Thekla und über das Lachen

An Altweiberfastnacht stürmen vielerorts die Frauen („Weiber") die Rathäuser und übernehmen symbolisch die Kommandos. Waschfrauen aus Bonn-Beuel hatten dies wohl 1824 erstmals durchgesetzt, um ihre schlechten Arbeitsbedingungen zu verbessern. Sie gründeten kurzerhand ein Damenkomitee und machten somit auf ihre Arbeitsbedingungen aufmerksam. Das Auflehnen gegen das dominant männliche Geschlecht hatte sich gelohnt. Die Waschfrauen hatten Erfolg. Der „Widerstand der Weiber" ist dennoch bis heute geblieben. Und wenn sich heute ein Mann an diesem Altweiberdonnerstag traut, eine Krawatte zu tragen, so wird irgendeine Schere aus Frauenhand diese halbieren. Hoffentlich war es nur ein alter Stoff-Fetzen.

Dieser Brauch wurde auch im Emsland gepflegt und Tante Thekla holte stolz zu jeder Fastnacht/Karneval einen Schuhkarton hervor. In ihm befand sich die reichliche Beute der letzten Jahre. Und dann kamen die Erklärungen: Diese Krawatte sei vom Bürgermeister, jene vom Nachbarn und diese von ihrem ersten Tanzfreund, der „als ungebremster Frauenheld viel Durcheinander gebracht" hätte. Durcheinander? Erst viel später habe ich verstanden, dass hier wohl ein unbändiger Testosteron-Tänzer gewirkt haben muss. Eine andere Trophäe behielt sie besonders in Ehren: Es war die Krawatte des sehr früh in die Mission ausgewanderten Kaplans, der später an Malaria verstarb. Und die bunte Krawatte ihres verstorbenen Bruders hielt Tante Thekla ebenso in die Höhe, aber nicht ohne Tränen: Ihm würde sie überhaupt das Talent, Fastnacht zu feiern, verdanken. „Er fehlt von Jahr zu Jahr mehr", schluchzte sie. Dann verschloss sich der Karton der Erinnerungen und der Kreppelkaffee folgte. Gute Laune und das erste Lachen waren angesagt. Irgendeiner erzählte dann nochmals den Witz des Vorjahres: Ein Rabbi und ein katholischer Pfarrer sitzen bei einem Glas Wein zusammen. Der Pfarrer will den Rabbi ärgern und sagt: „Sagen Sie mal, wann kann ich Sie denn dazu überreden, einen saftigen Schweinebraten zu essen?" Der Rabbi erwidert geschickt: „Nur bei Ihrer Hochzeit, Hochwürden, nur dann!" Alle konnten herzlich lachen.

Ja, wir Menschen lachen gerne nach Herzenslust – mit anderen, über sie und über uns selbst. Am schönsten lacht man gemeinsam. Und dann lachen wir gerne

JAHRESBEGINN, FRÜHLING UND GESTALTEN

über das Lachen. Bekommt einer beim Lachen kaum noch Luft und hält sich krampfhaft den Bauch, geht das Lachen ungebremst in eine weitere Runde. Köstlich ist auch das Lachen über jene, die erst nach einer gewissen Verzögerung den gehörten Witz verstanden haben. Höhnisches Lachen oder gar ein Auslachen, das den anderen auslöschen will, davon ist hier nicht die Rede. Der Spott gehört zwar auch zur Fastnacht, aber es soll ein Spott sein, der nicht zermürbt oder zerstört. Spott soll eher die Welt beleben und den Menschen Gutes tun. Diese Freiheit ist möglich; lachen ebenso.

„Karnevalistische Christenmenschen lachen sich nicht in irgendeinen Himmel, sondern in die Welt hinein", sagte einmal der Mainzer Kabarettist Hanns Dieter Hüsch. Auch Mediziner sagen: „Lachen macht gesund!" Und wir lachen. Wir lachen, weil unser Gott nicht will, dass wir unser Leben verstolpern. Er will nicht, dass wir am Ernst des Lebens vertrocknen und in Bitternis enden. Das wusste auch Tante Thekla. „Es findet sich immer ein Grund zum Lachen", sagte sie oft.

Lassen Sie uns befreit lachen: Mit aller Welt und nicht nur am Altweiberdonnerstag. Auch virtuell. Corona ist kein Hindernis, denn wir sind nicht nur die Kinder Gottes, sondern auch die Narren Gottes. Helau und Amen!

... über die dicken Kreppel in Astheim, das Hochwasser in der Mainspitze, die Arche Noah und das hässliche Corona-Vieh

Es ist schon Fastnachtssonntag? Was? An meinem früheren Praxisort in Astheim herrschte da der Ausnahmezustand. Die Narren tobten: schon vor dem Fastnachtsumzug, während des bunten Zuggeschehens und noch lange danach. Immer friedlich und familiär. In jedem zweiten oder dritten Haus gab es dann den berühmten Astheimer Kreppelkaffee. Die Stuben waren voll. Ein Kommen und Gehen. Je mehr Gäste, desto größer die Ehre für das Haus. Die Hausfrauen gerieten ins Schwärmen. Alles hatte sich gelohnt. Eine gute Stimmung. Man spürte, diese Astheimer Seelen ernährten sich von dem, worüber sie sich freuten. Ein kleiner Ort mit guter Tradition.

Das aber gilt zum Glück auch für alle anderen Menschen irgendwo: „Seid gastfreundlich untereinander ohne zu Murren"; dies wussten schon die Menschen der Bibel. Jetzt, unter Corona, scheint die Gastfreundschaft aber ganz eingestellt, wie die Schifffahrt auf dem Rhein. Nichts geht mehr. Auch im freundlichsten Haus: Nur ein Gast! Alles scheint überflutet, hohe Pegelstände durch viele Regularien. Fürchterlich. Dennoch sollte die Erfahrung aus der Pandemie für uns zu einem Lehrmeister werden. Was uns da jetzt bis zum Halse steht, wird uns zwangsläufig zu einer anderen Erfahrung führen. Nicht das Ausmaß einer Katastrophe bestimmt unser Schicksal, sondern das, was von unserer Kraft ausgeht – eine Kraft, die uns befähigt, uns über ein solches Schicksal zu erheben. Daraus entsteht ein neuer Boden von Hoffnung. Eine Arznei!

Noch bleibt die Coronageschichte ein unsympathisches Hochwasser. Aber dies ist kein Untergang! Das Rhein- und Schleusenhochwasser am Rande unserer Wohngebiete, in den Auen und auf den Brachflächen wirkt beruhigend. Zumindest für einige. Hochwasser entspannt? Eine Einladung zu einer Verschnaufpause? Schöne Bilder. Gewiss können wir von der Natur, dem Wasser und dem Treiben der Flüsse lernen. Besonders wenn sich keine Katastrophe anbahnt. Beschaulichkeit kann dominieren, nicht die Angst. Doch wieder zurück: Auch Corona wird sich einmal wieder zurückziehen, wie jenes Rheinhochwasser. Vorerst bleibt diese Pandemie aber noch virulent und frech, hat eben eine hässliche Fratze. Also kein

JAHRESBEGINN, FRÜHLING UND GESTALTEN

Freund der Menschen, weil zu gefährlich. Irgendwie drängt sich da die alttestamentliche Geschichte mit der Arche Noah auf. Wann kommt die Taube mit dem Ölzweig im Schnabel und kündet das Ende der Pandemieflut an? Wann endlich eine Zeitenwende? Sollte uns die Flut lehren: Es braucht dringend Rückbesinnung, weg vom Gaspedal der Menschen und weniger Oberfläche, dafür mehr Tiefgang, weniger Show, mehr Sein. Ein Ende der Egoismen? Weniger Globalität? Mehr persönliche Wandlungen? Ist das auch eine Botschaft von Corona? Man wird sehen.

Aber noch will uns das Virus hartnäckig am Leben hindern. Corona liebt diese Macht über uns. Der Mensch ohnmächtig? Nein! Wir können simpel gegensteuern: Also kein Kreppelkaffee; keine Fastnachtsumzüge. Keine Geselligkeit. Keine Hauspartys. Und dies hoffentlich nicht nur im kleinen Astheim, sondern auch anderswo. Überall!

Vergnügt, erlöst und befreit

Endlich Rosenmontag! In Scharen werden die Menschen mit den Bussen, zu Fuß über die Gustavsburger Eisenbahnbrücke oder mit dem Schiff von Ginsheim aus in die Domstadt ziehen. Heiterkeit und Frohsinn werden dann zu einer wärmenden Sonne, unter der alles gedeihen kann.

Dem Menschen scheint dieser Zyklus sehr geeignet: einerseits die „Anspannung im Alltag" und andererseits die „Fröhlichkeit bei den Festen" – zumindest nutzen es viele. Andere gehen fröhlich in die Natur und möchten sich einfach nur erholen.

Die Psychologen verraten uns, dass jede Fröhlichkeit ein Ausdruck von Dankbarkeit ist. Die Christen haben dies früh entdeckt und wissen, dass vor einem guten Osterfest eine 47-tägige Fastenzeit stehen sollte und davor wiederum mindestens und wenigstens drei tolle und ver-rückte Tage. Die frommen Narren plädieren naturgemäß natürlich für eine ganze fünfte Jahreszeit. Vielleicht ist dies etwas übertrieben. Eines aber muss man den Narren lassen: Sie entdecken humorvoll das Große im Kleinen und das Kleine im Großen. Dabei ist deren Narrenspiegel ein unentbehrliches Werkzeug. „Spiegelung ist die schonungslose Erkenntnis menschlichen Lebens", sagen wiederum die Psychologen und der oft in Mainz gehörte Kabarettist Hanns Dieter Hüsch (1925–2005) bringt es auf den spannenden Punkt und ruft es aus: „Ich bin vergnügt, erlöst und befreit, Gott nahm in seine Hände meine Zeit." Danke, Hanns Dieter! – Helau!

JAHRESBEGINN, FRÜHLING UND GESTALTEN

In Sack und Asche

Erst wurde noch kräftig geschunkelt und laut gesungen, dass am Aschermittwoch alles vorbei sei und wer an Aschermittwoch den Gottesdienst besucht, ist mit einem auf die Stirn gemalten Aschenkreuz zurückgekommen. Welch eine Wende in unserem Leben!

Die schönen Masken der tollen Fastnachtstage sind gefallen. Die Asche steht jetzt für Vergänglichkeit, aber auch für Fruchtbarkeit und Reinigung. Den Menschen im Alten Testament war das Fasten in „Sack und Asche" ein wichtiges, äußeres Zeichen für Umkehr: „Bedenke, Mensch, dass Du Staub bist und wieder zu Staub zurückkehrst", so das Ritual zum Aschenkreuz – am 46. Tag vor dem Ostersonntag.

Die alten Griechen nannten dies „Metanoia", was so viel wie Umdenken bedeutet. Aber Hand auf das Herz: Wer von uns will schon umdenken und einer alten und sicher geglaubten Meinung und Abwehr eine neue Wende geben? Der Perspektivenwechsel fällt uns doch immer schwer – oder? Das ist die Wurzel vieler unserer Alltagskonflikte. Der Feind alles Neuen ist das Alte. Unsere Gebundenheit setzt uns zuweilen sehr enge Grenzen.

In einer jüdischen Weisheit heißt es tröstlich: „Wer umkehrt, dem kommt man entgegen." Der große Physiker Max Thürkauf (1925–1993) meint gar – und das ist fast schon humoristisch: „Bei einer Umkehr in einer Sackgasse werden die Letzten die Ersten sein." Das versteht doch sofort auch unsere fastnachtlich geprägte Region – oder? Also: Viel Spaß mit dem Leben nach den Fastnachtstagen.

JAHRESBEGINN, FRÜHLING UND GESTALTEN

… über das Fasten, die ICH-Stärke und das Festschnallen

Ist an Aschermittwoch alles vorbei? Vorbei? Nein! Da fängt es erst an! Staub sein und Aschenkreuz ist das Thema dieses Tages. Wissen, dass alles begrenzt ist. Nichts bleibt. Alles ist vergänglich. Wozu also all das Schaffen, Raffen, Aufblähen und Prahlen? Warum so viel an Oberfläche und so wenig an wahrhaftiger und bleibender Substanz im Inneren? Die Zeit des eher minimalistischen Denkens soll bis Ostern daher an Fahrt aufnehmen. Ein Weg zum Inneren soll wieder neu entdeckt werden. Aber der Weg zu sich selbst ist der schwerste Weg im Leben aller Menschen. Zu viele Zeitgenossen schleppen zu viel Lasten mit sich herum. Teilweise völlig unnötige Lasten.

Bin ich zufrieden mit meinem Leben? Will ich so leben wie bisher? Wo und wie gibt es mehr in meinem Leben zu erreichen? Welchen Ballast kann ich abwerfen? Und auf was kann ich verzichten? Ist ein Verzicht ein Verlust oder wird er mir gar zu einem Gewinn werden? Wenn man immer nur konsumiert, dann kann man diesen Konsum letztlich gar nicht mehr genießen. Selbst Sigmund Freud (1856–1939) sagt: „Wer nicht verzichten kann, kann nie ein starkes ICH entwickeln."

Alle großen Religionen haben sich eh und je für das Fasten eingesetzt. Selbst die alten Ägypter sollen aus religiösen Gründen schon gefastet haben. Die Christen entdecken neuerdings wieder vermehrt ihre eigentlich vertraute Fastenzeit. Sie beginnt am Aschermittwoch und endet an Ostern: insgesamt 40 Werktage plus sechs Sonntage, macht zusammen 46 Tage. Die Muslime feiern 30 Tage ihren Ramadan. Das ändert aber nichts an der Kraft des Verzichts. Moderne Fastenbegleiter betonen, dass ein Verzicht unweigerlich auch eine Lehre und eine Erfahrung für die Seele sein soll. „Halte Deine Mitte frei, damit Gott in Deinem Leben in Erscheinung treten kann", las ich bei dem Fastentheologen Elmar Gruber aus München.

JAHRESBEGINN, FRÜHLING UND GESTALTEN

In den vielen Fastenwochen, die ich als Arzt begleiten durfte, erinnere ich mich besonders an eine 47-jährige Frau, die nach einer Woche Heilfasten schrieb: „In all den Kämpfen meines Lebens, geprägt von Enttäuschungen und Halbheiten, habe ich durch das Fasten zum ersten Mal die Kraft einer starken Innerlichkeit erfahren, so, als wenn ich neu geboren wäre." Ja, das mag jenes ICH sein, von dem Freud sprach. Diese Lebenskorrekturen sind nicht nur durch ein Heilfasten, Fleischfasten oder Süßigkeiten-Fasten möglich, sondern auch durch modernere Verzichtsübungen wie ein Autofasten oder ein Handyfasten oder die Reduzierung einer Fernsehabhängigkeit. Das Alkoholfasten bleibt immer wieder ein unumstrittener Favorit im vielseitigen Fastenkatalog.

Verzicht kann zu einem Gewinn werden. Also, Mut zum persönlichen Fasten: „Please fasten (!) seat belt" – schnalle Dich fest und bleibe bei Deinen Vorsätzen. Also Festschnallen, denn Turbulenzen gibt es überall – oder?

Alles verloren?
Ein Rauchsignal 31 Tage vor Ostern

In einer alten Geschichte wird erzählt, dass der einzige Überlebende eines Schiffsunglücks an den Strand einer einsamen und unbewohnten Insel gespült wird. Was für ein Schicksal! Dennoch lässt er davon nicht ab, Tag für Tag gründlich nach Rettung Ausschau zu halten – vergeblich. Schließlich baut er für sich und seine wenigen Habseligkeiten eine kleine Hütte aus Holz. Eines Tages aber geht diese Hütte in Flammen auf. Nun hat er wirklich alles verloren. Soweit diese traurige Geschichte.

Ich habe in meinem Leben immer wieder Menschen getroffen, die ebenso ein vergleichbares Schicksal erlebt haben: Bei einer Urlaubsfahrt auf der Fernstraße ist bis auf einen einzigen Überlebenden eine ganze Familie tödlich verunglückt oder eine Lawine oder eine Wetterkatastrophe hat eine ganze Gruppe ausgelöscht. Da bleibt das berechtigte Hadern mit Gott nicht aus. Wieso kann unser Schöpfergott dies alles zulassen? Warum, wozu? Diese bisher unbeantwortete Frage ist eine der ältesten Fragen der Menschheitsgeschichte überhaupt. Eine Antwort ergibt sich – wenn überhaupt – womöglich nur aus dem „Wie" des Überlebens selbst. Wie fähig waren wir, das Beste aus dem schlimmen Schicksal herauszuholen?

Doch zurück zu unserem verzweifelten Menschen neben seiner abgebrannten Hütte, der immer noch schreit und klagt und seinen Ärger und seine Verzweiflung nicht verbergen kann. Am nächsten Morgen – so geht die Geschichte weiter – hört er ein Motorboot. Er springt auf, und tatsächlich: Man will ihn retten. „Woher wusstet ihr, dass ich hier bin?", fragt er glückstaumelnd seine Retter. „Wir haben Ihr Rauchsignal gesehen." – Ende!

Was lernen wir daraus? Die Drehbücher unseres Lebens haben doch noch nicht das letzte Kapitel erreicht – oder?

JAHRESBEGINN, FRÜHLING UND GESTALTEN

... über eine Szene des Untergangs und über eine Perspektive danach – eine vorösterliche Geschichte?

In einer dramatischen Geschichte des Autors und Widerstandskämpfers Günther Weisenborn (1902–1969) wird erzählt, dass ein reicher Farmer und sein Peon (Tagelöhner/Knecht) in Folge eines gewaltigen Hochwassers auf ein Hausdach flüchten. Das Ganze spielt sich in Südamerika ab. Das Dach hat sich inzwischen längst vom Gebäude getrennt und treibt wie ein Floß durch die Fluten. Beide Männer befinden sich in der gleichen ausweglosen Situation. Ihre Standesunterschiede sind ohne Bedeutung. Peon spürt, dass die Tragfähigkeit nicht sehr groß ist und er alleine eine größere Überlebenschance hat, als die beiden zusammen. Peon überlegt kurz, ob er seinen Herrn hinunter stoßen soll. Es geht schließlich um Leben und Tod. Als aber der Farmer mit seinem Knecht die letzte Zigarette kaut, überwiegt doch die Treue zu seinem Herrn. Peon wird bewusst, dass zuvor seine ganze Familie in den Fluten ertrunken war und fasst den Entschluss, jetzt selbst vom Dach zu springen, um damit wenigstens seinen Herrn zu retten. Er hatte ja nichts mehr zu verlieren. Sofort aber zieht ihn der Farmer mutig wieder zurück. Er möchte nicht, dass der Peon sein Leben für ihn opfert, sondern beide sollen ihre Überlebenschance wahren. Das Dach treibt weiter. Beide Männer ändern instinktiv durch das gemeinsame Überleben-Wollen ihre Beziehung zu einander. Durch diese Notsituation wird ihnen nämlich bewusst, wie wertvoll ein Menschenleben ist, egal welchem Stand der Mensch angehört. Aus der gefährlichen Situation ist eine neue Beziehung, ein neuer Blickwinkel, ein Gemeinsames entstanden. Die Fluten beruhigen sich – das treibende Dach kommt endlich zum Stillstand.

Für mich ist diese Erzählung eine österliche Geschichte. Es gibt keinen Untergang; keinen einseitigen Tod. Das Leben wird für beide Männer wieder möglich. Vor allem jetzt steht eine neue Beziehung im Vordergrund. Man kann sich anschauen und begegnen. Ein tragfähiges Bündnis. Beide reifen zusammen in einem größeren und helleren Licht. Aus einer Karfreitags-Stimmung wird ein Ostermorgen. Für alle. Auferstehung ist nicht nur eine Rückkehr

JAHRESBEGINN, FRÜHLING UND GESTALTEN

ins Leben, vielmehr auch ein Übergang in eine völlig andere Wirklichkeit. Das Leben gewinnt an Sinnhaftigkeit. Bewusstsein wird durch Bewusstwerden bestimmt. Österliche Gemeinschaft als Summe von Hingabe und Hoffnung? Das sind Schlüsselereignisse gegen unsere Ängste. Wird eine Tür für das Freiwerden für eine ungestörte Beziehung zu Gott geöffnet? Zukunft macht wieder Sinn.

Aber unsere Geschichte der zwei Männer endet mit einem bemerkenswerten Nachsatz. Diesen sollten wir uns noch anhören: Denn als die beiden Männer endlich wieder Boden unter den Füßen haben, bemerkt der Farmer ruhig und erlöst: „Und morgen, ja morgen gehen wir wieder zurück und fangen neu an."

Wenn das nicht Ostern ist …

Was hat das Coronavirus mit Ostern gemeinsam?

Liebe Leserinnen und Leser! Unsere Welt, Europa und unser Land befinden sich in einer gewaltigen Tiefenkrise. Das bisherige gesellschaftliche Leben löst sich auf, und eine neue Welt scheint zu entstehen. Das Zeitalter der absoluten Autonomie ist wohl am Ende. Wir alle erfahren, nein: Ich erfahre, dass ich abhängig, verwundbar und bedürftig wie ein Kind geworden bin. Die Krise deckt meine aufgewühlte Seele auf.

Nein, es ist nicht alles abgesagt, auch wenn es schrecklich ist, in diesen langen Wochen kein Fußballspiel, keinen Stammtisch, keine Sauna und auch keinen Gottesdienst zu besuchen. Nein, es ist nicht alles abgesagt: Beziehung, Nähe, Verbundenheit, Himmel, Beten und die Solidarität werden eine neue Dynamik und neue Schönheit finden. Wir spüren, wie nahe wir uns tatsächlich schon immer (!) sind. Unsere Konsumwelt hat dies nur bislang grausam verdeckt und verdrängt.

Diese neuentdeckte Nähe ist wie ein Dietrich, der das unbekannte Schloss zur Nächstenliebe öffnet. Das „Ich" wird kleiner, das „Du" gewinnt an Wachstumskraft. Das Wort Rücksicht wird dem etablierten Ellenbogen-Egoismus die gelbe Karte zeigen. Nein, unser Leben wird nicht dunkler werden als bisher. Eine neue Helligkeit ist angesagt, auch wenn wir uns in diesem Jahr nicht am gemeinsamen Osterfeuer wärmen können oder die Partys auf den Rheinwiesen plötzlich keine Rolle mehr spielen. Soziale Verzichte führen niemals zur Vereinsamung. Das Gegenteil ist der Fall. Es ist wie der Lernprozess beim Fasten: genügsamer werden und die eigentliche Wertigkeit im Herunterfahren entdecken! Denn der Vorrat an Konsum und Lust ist bald verbraucht, das Wesentliche entdeckt man erst, wenn das Getriebensein schwindet und die Ruhe neuen Platz zum Atmen entwickelt.

Zurück zu unserer Bedürftigkeit, die von der Coronakrise schonungslos aufgedeckt wird. Die körperliche Distanz,

JAHRESBEGINN, FRÜHLING UND GESTALTEN

die von dem Virus zwar einerseits erzwungen wird, schafft aber paradoxerweise auf der anderen Seite „eine neue Kultur der Erreichbarkeit und Nähe", wie es in diesen Tagen von Zukunftsforschern beschrieben wird. Diese neue innere Kraft ist eine Art „Neu-Sein", wie es substanziell gerade die österliche Botschaft schon seit Jahrhunderten immer lebt. Bevor Du aufstehst, musst Du erst gestürzt sein! Auch Christus hat das Chaos des Todes überwunden!

In diesem Sinne: Frohe Ostern, trotz und wegen Corona!

Die Knoblauchzehe, das Osterlachen und der reiche Josef

Mit Freude nehme ich in diesen schwierigen Tagen wahr, dass der Humor nicht verloren gegangen ist. So gefiel mir ein besonderes Rezept gegen das Covid-19-Virus: Man verbrauche täglich am besten bis zu drei Knoblauchzehen. Dies würde zwar nicht gegen das Virus selbst helfen. Aber der Abstand anderer Menschen auf den Knoblauchkonsumenten würde mindestens zwei bis drei Meter garantieren. Das leuchtet doch wohl jedem ein.

Bleiben wir noch ein wenig beim Lachen, besser noch: beim Osterlachen! Schon im Mittelalter hätten sich die Gläubigen damit köstlich erfreut. Grundanliegen des Osterlachens war es, die Osterfreude zum Ausdruck zu bringen. Es sollte die Überlegenheit und der Sieg über den Tod symbolisiert werden. Die vornehmen Theologen nannten dies den „risus paschalis", also das Lachen zu Ostern.

Dazu ein Beispiel: Wir haben jetzt noch in lebendiger Erinnerung, dass ein reicher Mann von Arimatäa namens Josef über Pilatus verhandelte: Er wolle den Leichnam Jesu in seiner eigenen, neuen Grabkammer, die er in den Fels hatte schlagen lassen, begraben. Gesagt, getan. Zwei Zeitgenossen unterhielten sich wenig später darüber: „Ich finde es sehr großzügig von ihm, dass er für Jesus sein eigenes Grab zur Verfügung gestellt hat." Worauf der andere meinte: „Nun ja, so großzügig ist es auch wieder nicht. Es war ja nur für drei Tage." Vielleicht kennen Sie auch noch andere Osterwitze?

Übrigens: Humor und Lachen stärkt das Immunsystem, sagen die Mediziner, wobei wir wieder bei Corona wären. Bleiben Sie gesund!

JAHRESBEGINN, FRÜHLING UND GESTALTEN

… über Krokodile, weinende Kinder, die Ukraine und die Holzkönige

„Können auch Tiere weinen?", fragte mich kürzlich ein Kind aus der Nachbarschaft. Und ob ich auch schon einmal bei einem Krokodil die großen Krokodilstränen gesehen hätte? Eine schwierige Frage. Auch wenn Tiere Gefühle haben, so weinen sie dennoch nicht. Und die Krokodilstränen entstehen nur deshalb, weil das Krokodil das Maul so weit aufreißt, dass der Oberkiefer die Augen und damit die Tränendrüsen direkt berührt, was die Tränenflüssigkeit toll in Bewegung bringt. Und diese Tränen sind für die Reinigung und für die Feuchtigkeit des Auges sehr wichtig. So sagen es die Tierforscher. Aber der Hintergrund der kindlichen Frage war viel ernster: Es hatte in den fürchterlichen Bildern des Ukrainekrieges viele weinende Kinder und tote Tiere gesehen. Das war schlimm für das Kind. Und schlechte Träume hatte es dann auch noch. Am nächsten Tag zeigte es mir ein herrlich bunt gemaltes Bild. In diesem Bild hatte das aufgeweckte Kind seine Seele sprechen lassen: Es zeichnete eine hohe Sonnenblume mit dicken Blättern, darunter ein Hund, eine Katze und eine Schildkröte und alle trinken aus einem

großen Milchtopf. Auf einem der großen Blätter schaut gemütlich das Krokodil herunter und lässt blaue Tropfen fallen! Was für ein Frieden?

Nun wird seit dem 24. Februar 2022 erbarmungslos auf die Menschen in der Ukraine gebombt und geschossen – auch auf weinende Kinder und deren gemalten Bilder. Nichts scheint den russischen Kriegstreibern heilig. In ihren ungehemmten und wilden Aggressionstrieben zerstören sie Krankenhäuser, Entbindungsstationen und Kinderheime.

Der zu tötende Mensch wird jeder menschlichen Würde entraubt. Auch die Verbrecher selbst leugnen damit ihre eigene Restwürde und werden zu Bestien und Monstern. Die Marionetten Putins funktionieren wie auf dem Fließband: reproduzierbar, fremdgesteuert und ihrer eigenen Seele entraubt. Wo bleibt die Würde der Menschen?

Ralf Knoblauch, bekannter Skulpturenkünstler der weltweit verbreiteten Königsfiguren, erinnert jetzt wieder einmal daran: „Jeder, aber auch jeder Mensch besitzt eine königliche Würde." Und: „In der Ukraine wird die WÜRDE des Menschen mit Füßen getreten." Weiter schreibt Knoblauch, dass „die Macht der Könige in deren eigener Machtlosigkeit liegt." Schwieriger Satz eines Künstlers, aber dennoch richtig, wenn Achtung und Würde gar nicht mehr zur Geltung kommen und nur noch geschossen wird. Das ist dann pure Ohnmacht. Kinder können solche Zusammenhänge und Sätze aber leider nicht verstehen. Sie brauchen eine andere Zuwendung.

Und wie sollten die Eltern mit den traurigen Kindern umgehen? Wie sind die Krokodilstränen zu stillen? Sich Zeit nehmen, ein liebevolles Verständnis zeigen, einen wärmenden Körperkontakt herstellen, in die Arme nehmen, ruhig werden, gemeinsam beten (das kann jeder!) und schließlich das Kind sanft wiegen oder malen lassen. Mein Nachbarskind hat sich für das Malen entschieden.

... über den Wonnemonat Mai, den Kühkopf und über Katharina und Papst Leo III.

Der fünfte Monat im Jahr: alles grünt und gedeiht. Mein Nachbar spricht gern vom Wonnemonat Mai, wohl in Anspielung darauf, dass er vor 20 Jahren die große Liebe seines Lebens geheiratet hat: Katharina. Mit ihr hat er zwei Kinder, 18 und 16 Jahre alt.

Vor 14 Tagen hat er aufwendig sein Fahrrad geputzt, auch das seiner Katharina und jene seiner Kinder. „Wenn Du nicht im Mai die erste Fahrradtour planst, kommst Du für die weiteren Monate gar nicht mehr richtig raus und in Schwung", philosophiert er. Geplant sei jetzt deshalb die Familientour über die Schwedensäule nach Erfelden und dann weiter auf den langgezogenen Kühkopf des südlichen Rieds. Ein Paradies vor der Haustür. „Um 12 Uhr geht es dann mit der Fähre über den Rhein nach Eich beziehungsweise Guntersblum, sofern die Fähre denn überhaupt fährt", sagt der sportliche Nachbar über den Zaun. Katharina liebt seinen Ehrgeiz – mit oder ohne Fähre, also Wonne pur?

Auch ich mag diese Begegnungen mit dem Nachbarn; sie tragen etwas von einer Sehnsucht und Fürsorge in sich. Die

JAHRESBEGINN, FRÜHLING UND GESTALTEN

vier Tourenräder aus der Familie wollen schließlich aus dem Winterschlaf geweckt werden und die Feiertage im Mai verschenken sich nicht von selbst. Ob das für den Nachbarn schon die Mai-Wonne ist? Richtig bleibt, er ist stets motiviert, neuerdings noch mit einem Lastenanhänger fürs Fahrrad.

Wie heißt es in einem Kinderlied von Hermann Adam von Kamp (1818 entstanden): „Alles neu macht den Mai, macht die Seele frisch und frei. Lasst das Haus, kommt hinaus, windet den Strauß!" Das klingt tatsächlich nach Um- und Aufbruch. Wir Menschen taugen nicht für das Statische und Eingeschlossene; wir brauchen die Bewegung, die Natur und den Duft des frischen Grases und die Freude an den Mai-Blumen. Psychologen nennen dies die „Weitung der Perspektiven" und meinen damit auch das Bewusstwerden von „Sinn-Weite". Diese Weite darf ruhig ausschlagen, wie es in einem anderen Lied heißt: „Der Mai ist gekommen, die Bäume schlagen aus ... und wie die Wolken ... so steht auch mir der Sinn in die weite, weite Welt." Das klingt nach einem Reisekatalog. Exakt: denn mein Nachbar ist nicht nur im Mai von einer ungebrochenen Reiselust gepackt – zusammen mit Katharina und den Kindern. Vermutlich eine weitere Wonne.

Aber woher kommt die Bezeichnung „Wonnemonat Mai"? Fest steht wohl, dass dieser Begriff von Papst Leo III. und von Karl dem Großen im 8. Jahrhundert

eingeführt wurde (althochdeutsch: wunnimanot, winni=Weide), was schlicht bedeutet: Weidemonat. Heißt ursprünglich also, dass man in diesem Monat das Vieh wieder auf die Weide treiben sollte. Jetzt sind wohl sämtliche Romantiker enttäuscht; sicherlich auch mein Nachbar. Winni=Weide: Das klingt gar nicht so nach Begeisterung und gehobenen Gefühlen; eben einer Wonne im heutigen Sinne. Zum Glück steht Katharina über diesen Dingen und freut sich, dass sie mit ihrem zweiten Vornamen Maria heißt. Das war schon immer ein gehobenes Gefühl für sie. Den Mai mag sie ohnehin, denn er ist ja schließlich auch ihrer Patronin, der Gottesmutter Maria, geweiht. Wie gut, dass wir über all diese Zusammenhänge gesprochen haben – oder?

41

... über den Bollerwagen, die Flurprozession und das Leben der Menschen mit Normen und Tanzverbot

An Christi Himmelfahrt sind wieder Ausflüge angesagt. Am Besten mit und in den Familien. Bei schönem Wetter sind diese Unternehmungen großartig und wichtig, zumindest für die Meisten unter uns. Ein bedeutend kleinerer Teil unserer Gesellschaft nutzt diesen Tag auch zu einem Gottesdienstbesuch. Bereits im 4. Jahrhundert wurde dieses eigenständige Fest eingeführt: 40 Tage nach Ostern und zehn Tage vor Pfingsten. Heute ein bundeseinheitlicher Feiertag. Gut, dass unsere Kultur aus der christlichen Tradition lebt. Zumindest heute noch.

Traditionell wird dieser Feiertag auch als Vatertag gefeiert. Die Männer und viele junge Burschen wollen unter sich bleiben und suchen nach Abwechslung und kurzweiligem Abenteuer; nur ganz selten mit Verzicht auf reichlich Alkohol. Kräftemessen ist dann häufig auch eine Frage, was der eine oder andere so verträgt und dennoch auf dem Fahrrad sitzen bleibt. Die chirurgischen Abteilungen unserer Krankenhäuser machen da von Jahr zu Jahr so ihre eigenen Erfahrungen.

In traditionellen katholischen Gemeinden dient Christi Himmelfahrt aber auch den Bittprozessionen oder Flurumgängen. Leider mit schwindender Resonanz. Was liegt näher, als gerade in den vorsommerlichen Gewitterzeiten um eine gute Ernte zu bitten und Regengüsse fernzuhalten. Jetzt unter dem Klimawandel aktueller denn je. Meine Mutter betete an diesem Tag immer: „Der Herr fährt auf zu seinem Reich, vor Gewitter und Hagel halte er die Felder weich." Das ist lange her.

„Sende aus Deinen Geist und das Antlitz der Erde wird neu", so singen die evangelischen und katholischen Christen in diesen Tagen – auch in guter Vorbereitung auf Pfingsten hin. Dann haben wir schon wieder einen zusätzlichen Feiertag für den Familienausflug oder den Kurzurlaub parat. Und den Fronleichnamstag gibt es dann auch noch als Zugabe. Arbeitsfreie Tage tun eben gut: Hiermit ein Dank an die frühere christliche Gestaltungshoheit für das christlich-gesellschaftliche Leben im Laufe eines Jahres, dort nützliche Freiräume zu schaffen. Jetzt profitieren alle davon.

Wir schäbig klingen da die alljährlichen Diskussionen und Forderungen nach der Tanzerlaubnis an Karfreitag:

JAHRESBEGINN, FRÜHLING UND GESTALTEN

„Weg mit dem Diktat der westlichen Kultur." Was für arme Menschen, die von den „Gesetzen zum Schutz der Sinn- und Feiertage" so gequält werden. „Es ist unzumutbar, wenn Menschen so ihrer Freiheit beraubt werden", las ich sogar in einem erbosten Leserbrief über das betreffende Tanzverbot.

„Je weniger Bedürfnisse ihr habt, desto freier seid ihr", las ich einmal bei dem berühmten Philosophen Immanuel Kant (1724–1804). Recht hat er! Recht hat auch der Friedensforscher Carl Friedrich von Weizsäcker, wenn er sagt: „Die Freiheit der Entscheidung schließt nicht aus, sondern ein, dass wir uns freiwillig Normen unterwerfen." Schwieriger Satz! Weizsäcker (1912–2007) meint kurzgefasst: „Pflege Deine guten Normen und wisse, dass alles zu Deinem Vorteil werden kann." Also, es geht um eine Bereicherung, und nicht um Einengung. Schon deshalb wünsche ich den Leserinnen und Lesern einen schönen Tag – wie auch immer seine Gestaltung aussieht: heute an Christi Himmelfahrt, später an Pfingsten oder an Fronleichnam … mit und ohne Tanzbein!

... über weltoffene Störche, Kraftquellen und Zielorientierung

Die Älteren unter uns, die in Gustavsburg aufwuchsen, haben dort in ihrer Kindheit kaum Störche sehen können. Leider. Allenfalls zeigten sich im dunklen Teich des Mainzer Stadtparks die rosa Flamingos. Eher hässlich. Ein prächtiger Weißstorch lies sich real einfach nicht finden. Aber in den bunten Geschichten der Eltern und Großeltern blühten die Erlebnisse über den Klapperstorch und dessen roten Beine prächtig: Gerade hatte wieder einer von diesen Klapperstörchen in der Nachbarschaft ein Neugeborenes auf die Fensterbank gelegt. Störche sind eben in mehrfacher Hinsicht zielorientiert. Kein Wunder bei einer Flügelspannweite über zwei Meter.

Von den alten Ginsheimern ist zu hören, dass in den Nachkriegsjahren auf dem hohen Schornstein der Bäckerei Lutz regelmäßig ein einzelnes Storchenpaar den Sommer verbrachte. Störche sind anhänglich. Wenn sie sich begrüßen, klappern sie freudig. In Bischofsheim waren sie auf dem Schornstein des alten Rathauses, besser noch auf dem Dach des abgerissenen Faselstalles zu finden.

Seit circa 20 Jahre boomt in den Rheinauen indes das Storchenleben. Regelmäßig kommen die eleganten Zugvögel zu ihren Brutstätten zurück. Wie sie wohl ihre Flugrouten aus dem Süden planen? Die heutigen Kinder können die Weißstörche also gut bestaunen.

Woher die Legende des kinderbringenden Weißstorches kommt, ist nicht ganz geklärt. Möglich ist der Zusammenhang mit mittelalterlichen Holzschnitten, auf denen Störche mit Fröschen im Schnabel – eine ihrer Hauptnahrungsquellen – abgebildet sind und die Frösche einem Babybündel ähneln (in Märchen und Mythologien steht der Frosch tatsächlich oftmals für ein Baby). Der Storch, wie wir ihn kennen, reist regelmäßig. In bunten Fabeln wird Meister Adebar als weltbewandert und belesen dargestellt, wenn auch manchmal etwas lehrerhaft. So steht auch das Krafttier Storch für Weltoffenheit, Veränderung und einem weiten Horizont. Der Storch könnte uns dazu aufrufen, uns dem Neuen und Unbekannten zu öffnen und Veränderungen in unserem Leben zuzulassen. Außerdem ist er im Sinne einer Paarbildung sehr bindungsfähig. Lerneffekte.

Bemerkenswert ist auch die Tatsache, dass der zu den Wasservögel zählende Pelikan – dem Storch ähnlich – in der christlichen Mythologie eine noch

JAHRESBEGINN, FRÜHLING UND GESTALTEN

größere Rolle spielt: Gleichermaßen steht der Pelikan als Symbol für Christus selbst, der als nährende und aufopfernde Kraft den Menschen zur Seite steht. Wir sprechen also von frommen Tieren und wie beschrieben: lebenserfahrenen Tieren.

Neuerdings sind die Störche auch auf dem Glockenturm des Ginsheimer Friedhofs zu sehen. Eine taugliche Brutstätte wird dort von einem Storchenpaar emsig eingerichtet (offenkundig hatte man dieses klappernde Paar zuvor von den in den Himmel ragenden Strommästen vertreiben müssen). Jetzt wachen sie über den Gräbern: Vogelperspektive, berührend. Selbst wenn die Glocken während der Beerdigungen läuten, lassen sich die Weißstörche von ihrer Arbeit nicht ablenken. Anscheinend lieben sie gerade diesen Lebensbogen: von Geburt bis zum Tod! Keine Berührungsängste also. Immer stolz auf ihren Flug-Kompass.

„Das Ziel finden, heißt den Ursprung wiederfinden", meinte der französische Schriftsteller Paul Claudel (†1955). Ob er dabei nur an die Störche dachte?

Die Bäume schlagen aus – über Covid, freche Mäuse, Mehltau und Frost

Als Kinder haben wir schon deshalb gerne das Lied „Der Mai ist gekommen, die Bäume schlagen aus" gesungen, weil dieses Lied mit dem Ritual verknüpft war, dem anderen beim Absingen einen Klaps auf die Schultern oder auf den Rücken zu geben. Die Älteren unter uns erinnern sich. Natur lässt sich eben nicht bremsen, die Kinder ebenso wenig. Dem Wachsen ist in diesen sonnigen Tagen wiederum kein Einhalt zu gebieten. Die Natur schlägt wahrhaft aus. In der zweiten Zeile dieses Volkslied-Schlagers – übrigens einst von Mireille Mathieu fantastisch interpretiert – heißt es: „Da bleibet, wer Lust hat, mit Sorgen zu Haus." Wie wahr!

Tatsächlich erleben wir Menschen in der jetzigen Coronakrise jenes Sorgen- und Vernunftdenken: Es ist besser zu Hause zu bleiben. Stay at home!

Aber haben wir einen Gewinn, wenn wir auch unsere Sorgen zu Hause anhäufen? „Wie soll das Zukünftige aussehen", fragen mich in diesen Tagen manche aus gutem Grund angstbesorgte Patienten. Manchmal antworte ich, dass die Zukunftssorgen nur freche und ungezogene Mäuse sind, die heute schon den Käse von morgen fressen.

Haben wir Mut und Ausdauer, nur im Heute und im Jetzt zu verweilen. „Sorgt, aber zer-sorgt euch nicht", heißt es in einem alten Sprichwort. Mal ganz ehrlich: Die Mammut-Aufgabe mit dem schrecklichen Covid-19-Virus hat unsere Gesellschaft doch bis jetzt gut geschultert. Eigentlich können wir auf unsere Politiker stolz sein, die Dank der Virologen fortwährend gute Schutzmechanismen entwickelt haben. Unsere Eltern haben die Kriegszeiten überwunden und wir werden dieses elendige Virus ebenso hinter uns bringen – oder?

Was wird kommen, was wird bleiben? Ich bin mir sicher: Es gibt noch genügend zu feiern und auch noch genug zu lachen. Vielleicht mehr als je zuvor. Zurück zum Wonnemonat Mai: Die evangelischen Christen pflegen in ihrem Gesangbuch

JAHRESBEGINN, FRÜHLING UND GESTALTEN

(EG 501) ein Lied zu singen, was da heißt: „Wie lieblich ist der Maien aus lauter Gottesgüt, des sich die Menschen freuen, weil alles grünt und blüht." Der Komponist soll Johann Steurlein aus Meinigen in den siebziger Jahren des 16. Jahrhunderts gewesen sein. Also vor 400 Jahren. Wohl ein Kenner des Lebens und der Sorgen der Menschen, denn in der zweiten Strophe heißt es: „Es steht in Deinen Händen, Dein Macht und Güt ist groß, drum wollst Du von uns wenden Mehltau, Frost, Reif und Schloß" (… und vertreib auch die Mäuse vom übermorgigen Käse!).

Alles hat seine Zeit

SOMMER, FREIZEIT UND ERLEBEN

SOMMER, FREIZEIT UND ERLEBEN

„An einem Sommermorgen, da nimm den Wanderstab, es fallen Deine Sorgen wie Nebel von Dir ab", so hat es Theodor Fontane einmal formuliert. Recht hat er. Aber in all der Fülle, dem Luxus und dem Überfluss unseres Lebens fällt es uns schwer, im Sommer plötzlich bescheiden und demütig zu werden. Wir packen lieber eher technisch und funktional und verzichten auf Kamille und Lavendel im Koffer. Und der alte Wanderstab ist lange schon den Nordic-Walking-Stöcken gewichen. Schließlich soll unser Leben dynamisch wirken. Aber unbestreitbar ist die Tatsache, dass ruhiges Wandern auch zu einer Besinnung nach innen führt. Die Gedanken werden dabei frei und kreative Ideen entstehen mit Leichtigkeit. Ein gemeinsames Erleben, vor allem mit vertrauten Menschen, verstärkt noch zusätzlich diese positive Erlebniswelt. Die warme Jahreszeit bleibt deshalb eine Zeit der Bewegung und der Träume. Alles hat seine Zeit.

... über die Kletterkünste der Kinder, über die Höhe der Schallmauer und über das Geschenk von guten Fragen

Wenn wir als Buben im Sommer auf der für uns sehr hohen Backsteinmauer saßen, die uns die Blicke zu den Nachbarschaftsgärten ermöglichte, fühlten wir uns als große Kletterer. Schon deshalb, weil wir die Baumleiter beherrschten. Das ist jene Leiter, die mit der Handschlaufe des Freundes beginnt und über dessen Schulter zur erstrebenden Höhe fortgeführt wird: Das war jene Backsteinmauer zum Nachbar. „Wie hoch ist eigentlich die Schallmauer?", war damals die Frage. Und wie mag diese zu erklimmen sein? Interessant war – mit Blick auf den Himmel – auch die Frage, ob die Polizei Flugzeuge anhalten oder ob ein Flugzeug auf dem Rücken fliegen könne. Schließlich konnte man ja längst auch schon auf dem Rücken schwimmen. Und dass wir sogar eine gefüllte Milchkanne so schnell in der Luft drehen konnten, ohne dass die Milch auf den Boden fiel, zählte bereits zu unseren trainierten Experimenten. Aber warum die Vögel auf den Hochspannungsleitungen keinen tödlichen elektrischen Schlag bekamen, konnten die Väter kaum erklären. Jedenfalls gaben wir uns mit deren Antworten, dass Vögel ja nicht geerdet seien, kaum zufrieden.

Wunderschöne kindliche Träume, Phantasien und eine scheinbar nie endende Fragewelt gehören zu den gesunden Entwicklungsstufen von Kindern. Deshalb haben die Lach- und Sachgeschichten in der Sendung mit der Maus bis zum heutigen Tag so gefruchtet. Fragen gehören zum Leben. Immer und in jeder Altersstufe. Für meine Begriffe werden viel zu wenige Fragen gestellt, besonders nach Sinn und Zweck. Fragen vergrößern den Platz im Kopf. Sie überraschen uns und regen uns zum Denken an. Wer fragt, erweitert seinen Horizont. Nicht selten markieren interessante Fragen wichtige Wendepunkte im Leben. Wie jene: „Warum renne ich meinem Leben scheinbar immer nach?"

Greifen und Festhalten kann der Mensch seit der Geburt. Teilen und Schenken muss er ständig lernen. Doch das Erlernen von seelischer und körperlicher Gelassenheit fehlt scheinbar im menschlichen Werkzeugkoffer. Warum?

SOMMER, FREIZEIT UND ERLEBEN

Weil wir das Zuhören und das Fragestellen verlernt haben. Pflegen wir es. Und wenn man das eigene Geltungsbedürfnis auf lautlos gestellt hat, kann man automatisch wohlwollender und freundlicher werden.

Nicht selten lenken wir unsere Aufmerksamkeit immer stärker auf die Makel statt auf die Vorzüge unserer Partner. Das gibt dann irgendwann nur Baustellen. Zu hohe Schallmauern. Es wird uns gelassener machen, wenn wir unseren Wunsch loslassen, den anderen verändern zu wollen. Strategisch besser ist, dessen Facetten einfach zu akzeptieren. Denn von uns selbst wissen wir, dass Perfektion eine anstrengende Illusion ist.

Zurück zu den Kindern; irgendwo im Sommer; irgendwo in einem Garten; irgendwo auf einer Mauer. Mein Merksatz: Lerne von diesen Kindern und von dieser Mauer, wie durch ein Fenster in die Welt zu schauen. Und dann stelle Deine Frage. Und werfe sie in Deine Seele hinein. „Und wenn Du diese Welt nicht jeden Tag neu erfragen willst, wirst Du sie von Tag zu Tag mehr verlieren." Diese wunderschöne Deutung habe ich irgendwann einmal bei dem großen Dichter Christian Morgenstern (1871–1914) gelesen. Er war ein geübter Lyriker und konnte deshalb Stimmungen und Gefühle besonders gut ins Wort bringen. Und? Er konnte Fragen stellen.

Warum die Bäume mit uns Mitleid haben, über Pfingsten sowie über den verwirrten Kardinal aus Rom

Ohne Wurzeln

„Wenn sich die Bäume die Menschen anschauen, haben sie Mitleid. Die Bäume glauben nämlich, dass der Wind die Menschen davonträgt, weil sie keine Wurzeln haben." An diese Worte von Erzbischof Dom Helder Camara (1909–2002) muss ich in diesen Tagen oft denken. Wir befinden uns epochal in stürmischen Coronazeiten. Das sind Wochen und Monate der möglichen Entwurzelung. Vieles scheint nicht mehr an seinem Platz wie früher. Unser Alltag, der Sport, die Kultur, das Freizeitverhalten, der Kirchenbesuch und die beliebten Biergärten – alles hat sich total verändert. Dabei ist vielen Menschen die Zuversicht verloren gegangen. Leichtes Spiel für die Angst. Da ist es auch nicht verwunderlich, wenn Menschen nach billigen Verschwörungstheorien greifen. Kürzlich ist sogar ein hoher Kardinal aus Rom zum Opfer einer ruppigen Verschwörungstheorie geworden. Offenkundig hat er seine göttliche Zuversicht und seine religiöse Verwurzelung verloren? Wenn wir nur, wie er, auf der billigen Oberfläche argumentieren und dabei eine gewisse Tiefe nicht finden, sind solche Entgleisungen nicht verwunderlich.

Baum der Hoffnung

Die medizinische Psychologie beschreibt die menschliche Entwurzelung etwa so (wir bleiben im Bild des Baumes): Wenn der Baum der Hoffnung in uns selbst gefällt wird, können sogar die lebenswichtigen Wurzeln in uns selbst gerodet werden. Innere Rodung bedeutet aber zugleich: Das Vertrauen ins Leben ist abgestorben. Ich fürchte, der bedauerliche Kardinal ist ein Opfer solch einer inneren Rodung geworden. Wie aber kommen wir aus der Krise? Luise Rinser (1911–2020) hat da eine ganz andere Auffassung, wenn sie sinngemäß meint: „Krisen sind Angebote des Lebens, sich zu wandeln!" Man bräuchte noch gar nicht zu wissen, was neu werden soll; man müsse nur bereit und zuversichtlich zur Veränderung sein. Ich stimme der klugen Schriftstellerin zu. Aber genau das fällt uns Menschen schwer und nicht wenige fürchten sich sogar vor Veränderungen und Verwandlungen.

SOMMER, FREIZEIT UND ERLEBEN

Geist der Klarheit

In diesen Tagen höre ich in der Sprechstunde aber auch ganz andere Töne: Spaß an wieder geöffneten Lokalen; kaum Termine; alles ist verlangsamt; mehr Freude am Eisschlecken; kein Reisestress; weniger Gedränge; kürzeres Warten beim Arzt; mehr Zeit in der Familie; weniger Konferenzen und Sitzungen; deutlicheres Nachfragen nach Sinn und Perspektive des Lebens und vieles andere mehr. Das Negative zu Corona, das spare ich mir bewusst aus, das hören wir ja zu Genüge jeden Abend in den Talkrunden. Mir geht es um die eigentlichen beständigen Wurzeln unseres Lebens, um den Geist, der einer inneren Rodung widerspricht, einem Geist, der die Sprache der eigenen Bedürftigkeit versteht und mir geht es um einen Geist der absoluten Zuversicht. Aber auch um den guten Geist, der uns Wurzeln und Klarheit schenkt, so dass die starken Bäume künftig kein Mitleid mehr mit uns „wurzellosen" Menschen haben müssen. Das soeben gefeierte Pfingstfest schenkt uns kostenlos dazu den Geist der Festigung und den Geist des Aufbruchs und der Lebensbejahung, also die ganz dicken (!) Wurzeln des Lebens – oder?

Die Monster des Alltags
... über menschliche Schwächen und über den Engel des Vertrauens

Kennen Sie die Monster des Alltags? Sie sind grundsätzlich geschlechtslos. Sie haben ungefragt in uns Platz genommen. Sie stehen für irgendwelche Eigenschaften und Verhaltensweisen und sind streng genommen psychische Parasiten. Sie sind zum Glück nicht genetisch bedingt, aber sie fressen sich frech durch unseren Alltag. Und wenn wir menschliche Schwäche zeigen, dann vermehren sie sich in unangenehmer Weise. Diese hässlichen Monster lieben es, wenn wir plötzlich furchtsam und unsicher werden oder gar Panik entwickeln. Begeistert sind sie auch dann, wenn wir einer Selbsttäuschung verfallen oder auf Grund unseres Älterwerdens ständig der Rechthaberei frönen oder gar dem Zwang anhängen, unsere Mitmenschen ständig belehren zu wollen. Kurzum: Diese Monster, die auch gerne ein egozentrisches und aggressives „Kleid" tragen, zerstören menschliches Miteinander. Nicht selten, so wird berichtet, soll es einem bösartigen Monster sogar gelungen sein, aus einem einst besonnenen Menschen eine willenlose Marionette zu machen. Eine Katastrophe, wenn wir uns einer Fernsteuerung hergeben.

Ob es dagegen einen Impfstoff gibt? Schön wäre es! Helfen können dagegen Instinkte. Instinkte sind zwar auch nicht ganz unkompliziert, aber sie sind ein Resultat vergangener Erfahrungen; manchmal so angereichert wie ein vertrauter Engel, der im eigenen Inneren schon lange wohnt.

Merke: Die gemachten Erfahrungen, die jeder Mensch erwirbt, häufen sich nicht selten zu einem Schatz. Nicht wenige Patienten berichten mir, dass die bittersten Erfahrungen später sogar zu den wertvollsten geworden sind. Erfahrung und Instinkt können alle bösen Geister vertreiben, auch die völlig nutzlosen Monster, die uns kleinhalten und uns zu einem guten menschlichen Miteinander hindern

SOMMER, FREIZEIT UND ERLEBEN

wollen. Wichtig indes, wenn man solides Vertrauen aufbauen kann, aber fortwährend. Zeigen Sie den Monstern die rote Karte. Investieren Sie in eigenes Vertrauen! Geben Sie besser dem Engel des Vertrauens die Steuerung in die Hand. In Coronazeiten können wir nicht auch noch parasitäre Monster gebrauchen – oder? Beginnen wir mit den inneren Kämpfen und überlassen wir die Entwicklung der Impfstoffe den Wissenschaftlern. Gottes Liebe sucht uns!

… über Sonnenöl, neue Sehnsüchte und die Geheime Offenbarung

Der eine geht jeden Morgen schwimmen. Seit seiner Kindheit liebt er das Wasser. Sein Freibad ist wie das Meer. Er liebt den Geschmack des Wassers, das Abtauchen, das Versinken. Und dann wieder das kostbare Atmen, um Luft zu holen. Das ist Freiheit. Es riecht alles nach Sommer. Da meldet sich Dankbarkeit. Ein anderer findet seine Rituale auf dem Rad. Die langen Main- und Rheindämme verschenken sich ihm nahezu. Er will auf dieses Geschenk nicht verzichten. Seine Großmutter sprach von Gnade. Nicht jeder Körper erlebt eine Unbekümmertheit, ein endloses Maß an Bewegung. Niemand will darauf verzichten. Und die, die den Familienausflug oder die Familienferien genießen, auch nicht. Sommerrituale haben eben Geschmack. Riechen nach Sonnenöl, frischen Brötchen, Salz oder nach einem Glas Wein. Niemand will abgestumpft in die dunkle Leere fallen. Aber die Ansprüche sind geringer geworden. Da und dort gesellen sich Bescheidenheit oder Ergebenheit dazu. Plötzlich wird die eigene Lebensregion zu einem Ferienparadies. Der eigene Garten oder die Auenwiesen verschenken sich als eine grüne Lunge.

Nicht das Weite und die Ferne, sondern Nähe ist angesagt. Urlaub in der Heimat. Auch die menschliche Verbundenheit wird zur Sehnsucht. Das Abstandsgebot lässt Sehnsüchte anderer Art kräftig emporsprießen. Lebenssinn klopft an der Corona-Sommertür. Schöpfung lässt sich nicht verdrängen. Freunde und Familien bieten sich als Nährboden. Corona häutet sich unaufhaltsam: Eine Einstimmung auf das Neue und Bleibende, vielleicht auch auf das Wesentliche. Eine neue Hoffnung? Eine andere Welt? Vorbei ist die Leere, die jetzt schon weiß, dass sie gefüllt wird. Da höre ich in der Stille meinen Schöpfergott sprechen: „Siehe, ich mache alles neu" (Geheime Offenbarung 21,5). „Ich mache alles neu": in Dir selbst, in Deiner Familie,

SOMMER, FREIZEIT UND ERLEBEN

in der Gesellschaft, in der Kirche, in der Welt. Nichts muss mehr so bleiben, wie es war. Gier und Starrheit ist uncool. Mehr Bescheidenheit und Nachhaltigkeit?

Mit dem Mond teilen wir den Monat ein. Mit der Sonne das Jahr. Und mit Corona? Biblisch und sozialpsychologisch geht es doch auch um den schmerzlichen Dreischritt: Schöpfung – Erschöpfung – Neuschöpfung. Ein Virus, das pervertiert? Am Ende des Tages wird uns gewiss: Die unentwegte (!) Schöpfung Gottes, gedacht in Plan, Ziel und Zweck, ist noch lange nicht abgeschlossen – oder?

Corona und der Engel des Vertrauens

Seit jeher haben Menschen verschiedener Kulturen darauf vertraut, dass ein Schutzengel sie in besonderen Situationen und Gefahren begleiten möge. Kaum galten die Engel vor circa 30 Jahren als überholt, unbrauchbar, verstaubt und veraltet, da brach ein neuer Engelboom nicht nur in den Esoterik-Schulen, sondern auch wieder bei renommierten kirchlichen Autoren auf. Der Bestsellerautor Anselm Grün (Jahrgang 1945), Benediktiner und Verfasser von über 300 Büchern, hat gleich mehrere Inspirationsbücher über Engel geschrieben. Seine Engel tragen darin besondere Namen: Sie heißen unter anderem Engel der Begeisterung, Engel des Aufbruchs, Engel der Dankbarkeit oder Engel des Vertrauens. In einem Impuls hatte ich Ihnen, liebe Leserinnen, liebe Leser, den Engel des Vertrauens bereits empfohlen, als ich von den schrecklichen inneren (negativen!) Monstern berichtete, die ein Hindernis für unser Leben sein können. Sie erinnern sich?

Ob wir im erwachsenen Leben vertrauen können, hängt viel mit unserer eigenen Kindheit zusammen. Konnte ein Kind durch seine Eltern Verlässlichkeit erfahren, so konnte es nicht nur auf seine Eltern vertrauen, sondern auch vertrauensvoll auf andere Menschen zugehen. Natürlich ist auch immer ein Risiko dabei, wenn wir auf andere vertrauen. Selbst wenn ein Mensch mein Vertrauen missbraucht, kann mein Urvertrauen auf Gott damit nicht zerstört werden. Man kann Vertrauen auch lernen: Vertrauen in die eigenen Kräfte und Vertrauen in die eigenen Erfahrungen und Bewährungen und auf die erworbenen Fähigkeiten der inneren psychischen Widerstandskräfte (Resilienzen!) zu setzen. „Weil das Wagnis wesentlich zum Vertrauen gehört, ist es gut zu wissen, dass

SOMMER, FREIZEIT UND ERLEBEN

ein Engel des Vertrauens mich umgibt", schreibt Pater Grün. Kontrollzwang oder Misstrauen, wie die inneren renitenten Monster heißen, sind für das praktische Leben sehr hinderlich. Das gilt auch für die Erbsenzähler. Vertrauen schenkt indes Freiheit. Eine Freiheit, die wir jetzt unter der Coronapandemie besonders brauchen. Ich wünsche Ihnen den Engel des Vertrauens, weil wir uns damit auf etwas beziehen können, was nicht in unserer Macht steht. Es lohnt sich!

… über die Psychologie der alten Schuhe und alten Schlappen im Keller sowie dem Versuch, sich an neue Schuhe heranzuwagen

Nie werde ich einen Hausbesuch bei einer älteren Dame vergessen: Neben dem in die Jahre gekommenen muffigen Partykeller zeigte sie mir mit Nachdenklichkeit einen kleinen Abstellraum. Darin befanden sich auf sauberen Regalen eine Vielzahl von Damenschuhen. Diese sollte ich mir unbedingt ansehen. Die Ordnung war verblüffend: geordnet nach Jahreszeiten. Aber auch geordnet nach Anlässen: Ausgehschuhe, Schuhe für Theaterbesuche und Schuhe für unterwegs und wiederum Schuhe für die Stadt oder Schuhe für das vergessene Ferienhaus im Odenwald. Die Kleiderkammer der Caritas hätte aus diesem Schuhmaterial für dutzende Bedürftige sorgen können. Aber das war nicht das Anliegen der Dame. Sie verknüpfte mit diesen circa 80 Schuhpaaren im Keller die Ereignisse ihres Lebens: Der Ball der Handwerkskammer, die Schuhe anlässlich der Hochzeit ihrer Kinder und die ersten Schuhe nach ihrer überstandenen Gallen-Operation. „Und diese Schuhe trug ich bei vielen Beerdigungen, die in unserer Familie zu stemmen waren", ergänzte sie. Das war ergreifend. Natürlich stach mir besonders auch die Überzahl der sehr alten Schuhe ins Auge. Abgetragene, abgewetzte und stark abgenutzte – also wirklich unbrauchbare Schuhe, auch nicht mehr für die Kleiderkammer geeignet. Nur alte Schuhe im Regal. Warum? Requisiten des Gestrigen? Ist es das, was wir unter einem festgefahrenen Leben verstehen? Änderungen ausgeschlossen? Wie aber komme ich raus aus den „alten Schuhen"?

„Willst Du Dir ein neues Leben zimmern, darfst Du ums Vergangene Dich nicht kümmern", so ähnlich hatte es Goethe einmal formuliert. Aber was sind unsere alten Schuhe? Der alte Schuh, keine Zeit zu haben? Der alte Schuh, perfekt sein zu wollen? Der alte Schuh, sich auf das Negative zu konzentrieren? Der alte Schuh, seine Gefühle zu verstecken und zu verdrängen? Der alte Schuh, Opfer zu spielen? Der alte Schuh, seinen Körper zu missbrauchen und krank zu machen?

SOMMER, FREIZEIT UND ERLEBEN

Der alte Schuh, sich zu viel Sorgen zu machen? Der alte Schuh, sich selbst und andere zu verurteilen? Eine Liste, die sich ins Unendliche fortführen lassen könnte. Veränderungen fallen immer schwer. Und manchmal ist es unmöglich, aus den „alten Schuhen" heraus zu kommen.

Die Sommerzeit lädt uns jetzt erneut ein, unsere „alten Schuhe" zu verlassen. Nichts muss bleiben wie es ist. Auch nicht die alten Schlappen. Alles darf sich ändern. „Perspektivwechsel gesucht". Also endlich weg mit alten Schuhen und Schlappen. Der Sommer bietet zum Schuhwechsel eine Chance. Halte einen Moment inne und kümmere Dich um Dich selbst, wenn es Dir besser gehen soll. Also neue Schuhe suchen: Einen Schuh, der vielleicht endlich passt. Ich glaube, das war es, was die Dame mit ihrem Schuhlager mir andeuten wollte.

… über die Bauernbrücke sowie über die Blockade eigener Probleme oder wie man eine neue Brücke oder Furt bauen kann

Es gibt tragische Entwicklungen, die haben eine lange und böse Geschichte. Am Ende bleiben nur noch Verlierer übrig. Unglückliche Menschen auf allen Seiten. Und eine weitere Generation muss womöglich den bislang ungelösten Konflikt weiter buckeln. Jahrelange gerichtliche Auseinandersetzungen garantieren die intellektuelle Show einer Ohnmacht. Ein Krieg? In der Rechtsprechung nennt man dies „das Recht schaffen".

„Das Leben ist voll von Widersprüchen und von jeder Wahrheit ist auch das Gegenteil wahr", mahnte schon die Dichterin Ricarda Huch (1864–1947). Die Sperrung der Ginsheimer Bauernbrücke ist eine solche tragische Geschichte an Verwirrungen. Da treiben einem vor lauter Wahrheitssuche die Tränen in die Augen. Am Horizont keine Lösungen in Sicht.

Also scheinbar ein Kollektiv-Versagen auf ganzer Linie: aller Akteure! Ein Lechzen nach kollektiven Sündenböcken kann aber nur im fiktiven Ort Schilda gelöst werden, nicht in Ginsheim. Eine bedauerliche Entwicklung. Warum sind wir Menschen so wenig talentiert für gute und friedliche Lösungen? Zu viele Pessimisten im Spiel? Nur Gerümpel? Warum passieren diese Dinge immer wieder? Unsaubere Vergangenheiten? Ungeklärte Besitzverhältnisse? Behördenfehler? Menschliches Beharren? Persönliche Defizite? Nachkriegsgeschehen? Alte Kränkungen und noch offene Rechnungen? Herabsetzungen? Missverständnisse? Fehlberechnungen? Verschlampen von Unterlagen? Ängste vor Verantwortung? Sturheit? Zeigen, wer das Sagen hat? Fehlende Dokumente? Amtsstuben-Gehabe? Blockadehaltungen da und dort? Wichtigtun? Oder fehlt nur ein positiver Lebensschwung? Ohnmacht da und dort?

Und liebe Leserin, lieber Leser: Haben wir in unserem privaten Leben nicht ebenso viele offene Baustellen und Verwirrungen? Leisten wir uns nicht auch dort sinnlose Streitigkeiten und Kriegsführungen mit Nachbarn oder Miterben? Warum mangelt es uns an versöhnlichen

SOMMER, FREIZEIT UND ERLEBEN

Lösungen? An gelingender Statik? Warum sind auch wir in unserem persönlichen Umfeld zuweilen so blockiert? Oft jahrelang, mit dicken Akten.

Zurück zur Bauernbrücke: Eine sehr schwungvolle, weite und elegante Dammüberquerung führt jetzt schon zur Halbinsel. Einst eine kostspielige Investition, als Harmonie geplant. Vielleicht sollte man neben der Brücke eine neue Furt anlegen.

Bei dem allgemein niedrigen Wasserstand könnte man für mindestens neun Monate im Jahr für Pferd, für Kutsche und Wagen nebst Traktor und Getränkelieferant eine bequeme Überfahrt auf die Halbinsel schaffen. Für die Feuerwehr ebenso. Was für eine Signalwirkung auch für unsere privat zu errichtenden Furten und Wege. Denn wir sind zeitlebens für das verantwortlich, was wir uns vertraut gemacht haben – oder?

… über persönliche Krisen und die Kräfte des Humors

Eine Krise ist immer mit einer inneren Erschütterung verbunden. Nicht selten wird dabei auch unser ganzes Denken verunsichert. Manchmal schnürt es uns den Hals zu. Der Blutdruck spielt verrückt. Schlaflosigkeit. Wie da einen kühlen Kopf bewahren? Nicht selten entsteht sogar eine gewisse Panik und ein Aufsuchen des Arztes wird erforderlich. Was ist zu tun?

Therapeuten raten uns: Lasse diesen Zustand zunächst zu. Nicht unterdrücken, sondern ihn wahrnehmen. In Ruhe überlegen, was wohl der Auslöser der Krise war. Und auch bei aller Verunsicherung fragen, wo es Halt gibt und welche bleibende Kraft im Inneren eines Menschen zu finden ist. „Wie habe ich in der Vergangenheit auf Krisensituationen reagiert?", ist eine nützliche Frage. Das sind die inneren Resilienzen, von denen neuerdings so gerne gesprochen wird. Indes sollten wir auch nicht vergessen:

Wenn jemand sich in einer Krise befindet, besteht immer die Gefahr, alles schwarzzusehen. Deshalb werden wir uns um eine sachliche Nüchternheit bemühen und dabei erkennen, dass die Krise kein Weltuntergang ist. Vielleicht sollten wir uns um ein besseres Licht – im wahrsten Sinne des Wortes – bemühen. Nicht selten ist eine Krise aber auch eine Herausforderung, gänzlich neue Wege und neue Maßstäbe zu entwickeln. Viele Menschen haben mir erzählt, dass sie durch eine Krise auf einen neuen Weg gebracht wurden. Manche berichteten von einem großen Reifungsschritt. Ein krebskranker Mann etwa ist inzwischen dankbar, dass der Krebs ihn heimgesucht habe. Denn die Krankheit habe ihm die Augen geöffnet für das, was wirklich im Leben zählt. Er konnte seine bisher langweiligen Beziehungsmuster in seiner Familie völlig umstellen. Jetzt wirkt er froh und inspiriert.

SOMMER, FREIZEIT UND ERLEBEN

Auch die Coronakrise ist eine Herausforderung für die Psyche. Neben Struktur und Notfallplänen hilft aber vor allem eins: Humor! Mit dem Schaffen von Distanz durch Humor beschäftigte sich auch der berühmte Psychiater Viktor Frankl (1905–1997), der Urvater des Humors in der Psychotherapie. Er sagt: „Humor ist die einzige Waffe im Kampf um den Selbsterhalt der Seele." Recht hat er. Und der aus Mainz stammende Religions-Philosoph Romano Guardini berichtet: „Das freundliche Lachen über die Sonderbarkeit alles Menschlichen – das ist (überzeugender) Humor." Kinder besitzen dieses wunderbare Gen.

„Nur keine Panik", beruhigt der emsige Chirurg den ängstlichen Patienten. „Wir haben diese Operation schon dreißig Mal gemacht. Irgendwann muss sie ja mal klappen."

… über das Wasserhäuschen, die Lebenslotterie und die LKW-Fahrer

Aus Leidenschaft war sie Kioskverkäuferin. Auf ihren zwölf Quadratmetern beherrschte sie die kleine Welt der raschen Einkäufe: Nicht nur ihre selbst gemachten Frikadellen nach Omas Art waren eine Spezialität, auch ihre Kaffees, und besonders der Latte Macchiato, zählten in ihrer Trinkhalle, ihrem Wasserhäuschen oder Büdchen zu den Verkaufsschlagern. Natürlich verkaufte sie auch Zeitungen, Zeitschriften und vor allem die Romanhefte der ewigen Western-Klassiker oder jene der Welt erklärenden, angestaubten Liebesromane. „Auch die kleinen Leute brauchen etwas zum Lesen", kommentierte sie gerne. Auf ihren Rindswürstchen blieb sie hingegen oft sitzen („zu kalt"), nicht aber auf ihren Lotterieangeboten. Da brachte sie gerne ihre eigene Philosophie ins Spiel: „Das Leben ist wie eine Lotterie, die meisten Leute haben nur nicht das richtige Los gezogen", erklärte sie durch das kleine Fenster auf die Straße hinaus. Ob diese Deutung umsatzsteigernd war, konnte man nicht wissen. Das große Los, das makellose Glück, hatte sie selbst nicht gezogen. Ihr Mann war früh mit seinem Lastwagen tödlich verunglückt. Die Sympathie zu den LKW-Fahrern blieb aber bestehen. „Die sind immer auf der Durchreise und müssen mit dem Wenigen gut auskommen." Sie fuhren gerne bei ihr vor. Für jeden hatte sie ein Wort, konnte aber auch Grenzen setzen. Ihr Kiosk sollte sauber bleiben. „Das Leben ist wie eine Lotterie."

Irgendwie schienen ihr alle Menschen gleich, irgendwie hatten alle ein Missgeschick, eine Last oder eine Wunde. Irgendwie befanden sich alle in einer ähnlichen Lebenslotterie. Deshalb stand sie gerne dort. Kein Ausverkauf. Manche geplagten Zeitgenossen waren mit ihrem Missgeschick oder Leid letztlich doch noch glückliche und fröhliche Menschen geblieben. Andere lösten ihre Probleme mit dem Alkohol. Auch hier hatte sie eine Devise: Das dritte oder vierte Bier wird zu Hause getrunken. Sie duldete keine Auswüchse an ihrem Kiosk. Ihr „Beichtstuhl" sollte nicht verrufen wirken. Oft hatten ja die Menschen das Gleiche durchgemacht; heraus kam aber ganz Verschiedenes. „So ganz verschieden sind die Lose nämlich nicht", erklärte sie an den langen Abenden: „Der Unterschied liegt im Wie: wie man das Los ansieht oder wie man es annimmt." Eine besondere Schulausbildung hatte sich

SOMMER, FREIZEIT UND ERLEBEN

bei ihr nicht ergeben. Schriftsetzerin hatte sie gelernt. Heute nicht mehr erforderlich. Die Lotto-Annahmestelle hatte man ihr vormals abgenommen. Der spannende Lotterieverkauf ist ihr aber zum Glück geblieben. Die Lose ließen sich gut verkaufen. „Es ist nicht entscheidend, was man macht, sondern wie man es macht", weil das Leben ja vergleichbar einer Lotterie sei, wiederholte sie öfters. Sie war glücklich.

Fazit: Vielleicht suchen viele Menschen das Glück viel zu weit von sich entfernt. Es ist wie mit der Brille. Ich sehe sie nicht. Und dabei sitzt sie mir auf der Nase. So nahe! Tatsächlich ist das Leben wie eine Lotterie. Aber da lässt sich viel machen: von uns selber. Wir selbst besitzen die Deutungshoheit über unser Leben. Sich glücklich fühlen können, auch ohne Glück, das ist Glück. Die Kioskverkäuferin beherrschte es.

Wer kann Brücken bauen?
... über Songs, Päpste und Philosophen

„Ein guter Mensch ist zuverlässiger als eine steinerne Brücke." Ein tiefgehender und vielsagender Satz. Er stammt von Mark Aurel, großer Philosoph und römischer Kaiser, (2. Jahrhundert). Eine mächtige Weisheit, die er da formuliert; vermutlich auf dem Boden von reichen Erfahrungen. Brücken haben immer eine große Bedeutung. Und Menschen mit Rückgrat noch mehr. Heute werden zu wenig Brücken gebaut; dafür aber mehr Mauern, Zäune, Gräben und Profit-Abgrenzungen jedweder Art. Offenkundig fehlt uns einfach der Mut, neue Brücken der Versöhnung, der Solidarität oder des Verstehens zu bauen. Warum? Wir scheuen diese harte Arbeit. Lieben eher den Rückzug. Wer alte Brücken abbricht, hat es nur scheinbar leichter, muss aber gut schwimmen können. Oft dann sogar im trüben Wasser. Isolation. Macht auch keinen Spaß. Eine Garantie für ruhiges Fahrwasser gibt es nicht. Deshalb bauten bereits 1970 „Simon and Garfunkel" ihren legendären Song „Bridge over troubled water", was uns wissen lies: Die beiden wollten ihr Leben wie eine Brücke gestalten, die über unruhiges Wasser führt. Alter Titel, aber immer noch gern gehört. Also gute Absichten. Die Menschen ticken aber vermutlich anders. Nicht nur, weil sie die musikalischen „Töne der Versöhnung" überhören, sondern weil „Brückenbauen" zu mühsam bleibt.

Auch unsere Päpste tragen einen alten Titel: Pontifex Maximus, was soviel wie „oberster Brückenbauer" bedeutet (diese Bezeichnung gab es schon im römischen Reich im 3. Jahrhundert vor Christus). Aber es macht deutlich: Religion, Kirche und Gemeinde will und soll Brücken bauen. Im evangelischen Gesangbuch (EG 669) findet man/frau dazu ein wunderschönes Lied, das da heißt: „Herr, gib mir Mut zum Brücken bauen, gib mir den Mut für den ersten Schritt." Das bedeutet: Änderung ist gefragt. Kann sehr schwer sein. Sich zu ändern, dazu ist man nie zu alt. Aber es braucht Luft. Doch wer zu lange wartet, dem könnte am Ende die Luft dazu ausgehen. Wieder Isolation. Eine Brücke zu bauen, macht Spaß. Sich selbst zu überwinden, schafft Freude. Eine Hand zu reichen ist der schönste Brückenschlag. Nur Mut: Auch antrainiertes Starrsein lässt sich verlernen. Das haben die Menschen

SOMMER, FREIZEIT UND ERLEBEN

bereits im Neuen Testament erfahren und lernen müssen: Jesus baut dort unentwegt zu den Menschen seine Brücken der Barmherzigkeit. Angenommen-Sein und Stabilität pur. Ganz zu schweigen von der Brücke zwischen Gott und den Menschen.

Szenenwechsel: Fünf Brücken führen über die beiden Heimatflüsse Rhein und Main direkt zu uns in die Mainspitze. Die eindeutig schönste Brücke ist die vierteilige und 200 Meter lange Stahlbogenbrücke von Hochheim nach Gustavsburg. Mit ihren vier hohen Brückentürmen aus rotem Sandstein gleichen die Portale einem Kulturdenkmal. (Erbaut 1887, bzw. 1947 wieder aufgebaut). Im Abendlicht leuchtet sie so intensiv, als wolle sie zu uns sprechen: Schaut, wie ein Brückenschlag leuchten kann. Und mit dem Beginn der Dunkelheit könnte sie sagen: Die beste Brücke zwischen Verzweiflung und Hoffnung ist eine gut durchschlafene Nacht. Schlaft also gut! Eine Illusion? Nein. Fragen wir doch den Philosophen Mark Aurel.

... vom Sommerwein über die Heuernte zum Sommerhalleluja

„An einem Sommermorgen, da nimm den Wanderstab, es fallen Deine Sorgen wie Nebel von Dir ab." Es sind dies die Zeilen eines Theodor Fontane (1819–1898), ein bekannter deutscher Schriftsteller und Journalist. Eine gute Wahrnehmung zum Sommer hatte er: also den Sommer als Aufbruch und Erlebniswelt zu beschreiben.

Sommerferien – eine geschenkte Zeit. Und endlich unter den gelockerten Bedingungen unter Corona allemal. Die Schlagersänger Claudia Jung und Nick P. denken bei Sommer mehr in der Rubrik einer Verköstigung, wenn die beiden vom Sommerwein schwärmen: „Man trinkt ihn langsam und am besten eisgekühlt; mein Sommerwein ist wie die Liebe süß und wild …" Doch schon kurz danach muss einer von beiden eingestehen: „… doch als ich aufstand, konnte ich schon nicht mehr stehen." Dumm gelaufen, das mit dem kühlen Sommerwein. Kurze Halbwertzeit.

Der berühmte Kirchenmusiker Paul Gerhard (1607–1676), vom eigenen Leben immer hart gebeutelt gewesen, hat uns eine tiefgründigere Beschreibung über den Sommer hinterlassen: „Geh aus, mein Herz, und suche Freud in dieser lieben Sommerzeit an Deines Gottes Gaben; schau an der schönen Gärten Zier und siehe, wie sie mit und Dir sich ausgeschmücket haben." (EG 503) Schöner kann man es nicht formulieren. Der Mensch selbst ist Teil der Sommerzier. Selbst Sommer werden? Verrückt? Oder Kraft von Imagination und Meditation eine kostenfreie Lebensschau und damit ein einfaches Spiel von Lebensverformung? Also eine seelische Erholung pur. Oder ganz banal ausgedrückt: Sage mir, was Deine sommerlichen Augen sehen und erfassen, dann sage ich Dir, wie Deine Seele derzeit tickt. Sommeraugen können und sollen Erholung schaffen.

So erging es mir kürzlich beim Anblick dieses prall gefüllten Erntewagens; irgendwo auf unseren Rheinauen bei Ginsheim. Scheinbar vergessen. Zwischengeparkt. Diese Fülle einer gemähten Sommerwiese. Eine ruhige und besänftigende Abendstimmung. Weit von

SOMMER, FREIZEIT UND ERLEBEN

einer stumpfen Nichtigkeit entfernt. Ein Erntewagen, der wie ein aufgeschlagenes Buch zum Leseunterricht in Sachen Natur einlädt. Natur und Abendlied. Wirklich eine Zier. Und Du selbst erfährst Dich plötzlich als ein Teil dieser Zier. Sehnsucht statt Neugierde. Unser Foto fängt dies alles ein. Es entsteht Dankbarkeit.

Dann sind wir nicht weit entfernt vom Sommerhalleluja: „Mit Gottesklang und Weltvertraun, lauf ich durch die geschenkte Zeit. Mit Kinderblick das Meer anschaun, unter meinen Füßen Sand." Diesen Text habe ich bei Anne Gilion gelesen. Dies ist auch als Lied zu hören. Flott. Eine nette Melodie für einen Ausklang eines schönen Sommerabends. Also dann, im Sinne von Theodor Fontane, Claudia Jung, Paul Gerhard und Anne Gilion: Eine erfüllte und berührende Sommerzeit – gerne auch mit kühlem, bekömmlichem Wein.

… über den alten Kaiser, die klugen Mäuse und die Freundschaften

Einst wurde von einem alten chinesischen Kaiser berichtet: Er wolle das Land seiner Feinde erobern und sie alle vernichten. Wenig später sah man den Kaiser mit seinen Feinden speisen und scherzen. „Wolltest Du nicht die Feinde vernichten?", fragte man ihn. „Ich habe sie vernichtet", gab er zur Antwort, „denn ich machte sie alle zu meinen Freunden!"

Eine interessante Idee und Strategie des Kaisers. Absolut zielführend. Die Feinde waren abgeschafft. Nun gab es auch keine Bedrohung mehr. Wo vormals Angst und Schrecken herrschte, gibt es jetzt ein gemeinsames Essen, ein gemeinsames Trinken und ein gemeinsames Scherzen: Also ist Freundschaft ein Lösungsweg. „Der beste Weg, einen Freund zu besitzen, ist der, selbst einer zu sein", so las ich dies einmal in einem Poesiealbum. Der alte Kaiser fing damit an. Also: Eine bemerkenswerte Geschichte.

Eine weitere Geschichte: Ein paar Mäuse sprangen mutwillig um einen schlafenden Löwen herum und da er sich nicht rührte, begannen sie sogar auf ihm herumzutanzen. Da wurde er wach und hatte gleich eine von ihnen gepackt. „Ich bitte Dich", flehte die Maus, „schone mein Leben, ich will es Dir auch gerne mit einem Gegendienst vergelten." Da musste der Löwe lachen und ließ sie los.

Nach einiger Zeit aber verfing sich der Löwe in den Netzen der Jäger und vermochte sich auch mit aller Kraft nicht mehr aus den Schlingen zu befreien. Da kam die Maus hinzugelaufen und nagte mit emsigem Zahn eine von den Schleifen entzwei. Eine einzige nur, aber die Schlingen begannen davon aufzugehen und der Löwe konnte seine Fesseln zerreißen. Ein Happy End. Der Gegendienst war geleistet.

Freundschaften sollten niemals Einbahnstraßen sein. Sie können auch nicht nur aus Gewohnheiten bestehen. Dann kommt irgendwann ein natürliches Aus, wie von selbst. Freundschaften benötigen ständig wichtige Zutaten: Interesse,

SOMMER, FREIZEIT UND ERLEBEN

Freude, Hilfsbereitschaft, Verschwiegenheit, Toleranz, Ehrlichkeit, Mut zum Verzeihen und vor allem eine ähnliche Laufrichtung. Also auch die Frage: Welches Ziel soll überhaupt diese oder jene Freundschaft haben? Und: Wie werde ich mich in einem Freund oder in einer Freundin wiederfinden?

„Freunde finden ist leicht; sie behalten aber schwer", sagt ein russisches Sprichwort. Und wer Freunde ohne Fehler sucht, wird lange ohne einen Freund bleiben.

Deshalb: Suche nicht das Vollkommene, suche das, was Deine Liebe und Zuneigung verdient. Suche das, was sich in einem anderen von Dir spiegelt und wiederfindet. Dann kommst Du dem Wunsch einer guten und gelungenen Freundschaft schon sehr nahe. In diesem Sinne wünsche ich Ihnen die Entdeckung neuer und fröhlicher Freundschaften und eine Vertiefung mit den alten und bewährten Weggefährten. Das wäre doch ein schicker und sich lohnender Sommervorsatz – oder?

... über den Stammtisch, die Höflichkeit und die Geheime Offenbarung

Wieder einmal gab es den Männer-Stammtisch – die meisten der Männer bereits in Rente. Die Freude war groß, sich endlich wieder zu treffen. Die Themen hatten sich unweigerlich angehäuft: der Vertrauensverlust der Kirchen, die neue Ampelregierung, das Coronavirus in seinem nun schon dritten Jahr, die Bürgermeisterwahl unserer Stadt und der Ringlokschuppen in Bischofsheim. Natürlich ging es auch um den Fußball, die Eintracht und um die Null-Fünfer.

Spannende Themen an einem einzigen kurzen Abend. Die Diskussionskultur blieb fair, trotz mancher langatmiger Beiträge. Zwischendurch gutes Essen und eine motivierte Bedienung. Insgesamt alles sehr verantwortungsvoll unter den Coronabedingungen. Nur ein bekannter und abgenutzter Witz unterbrach an einer unbedeutenden Stelle einmal die Fachdiskussion der Experten. Am Nachbartisch glaubte ein anderer Gast, es ginge bei unserem Stammtisch um praktische Theorien von ausgewiesenen Virologen, Politikern, Volkswirten oder sonstiger Fachleute. „Nein", sagte der angesprochene Stammtisch, „wir sind nur die ausgewiesenen Fachleute der Besserwisser." Dann ein entspanntes Lachen an mehreren Tischen.

Gewiss, die Besserwisserei und das Belehren der anscheinend weniger Informierten bringt eher Sand ins Getriebe. Aber: Hinhören können und Verstehen lernen und vor allem gegenseitig Fragen stellen ist eine bessere Option. Das bringt pure Entspannung und Freude in einer abendlichen Runde des Stammtisches. Eine beständige Rechthaberei hingegen ist eine unreife Form, denn die Jungsenioren in der Runde haben doch im Großen und Ganzen ihr Leben bereits gemeistert und reichlich gute wie schlechte Erfahrungen gewonnen. Besserwisser stören da gelegentlich.

Engstirnige Menschen glauben überdies, dass man aus einem einzigen Ereignis sofort auf allgemeine Schlussfolgerungen schließen könne. Das kann fatal sein. Die Wirklichkeit ist nämlich ganz selten ein Entweder-so-oder-so! Vielmehr scheint die Wirklichkeit in der

SOMMER, FREIZEIT UND ERLEBEN

Regel eher ein Sowohl-als-auch zu sein. Das ist ein großer Unterschied und befreit uns von allzu engen Sichtweisen. Denn unser Leben und Denken ist viel, viel mehr als nur ein Schwarz oder ein Weiß. Die (bunten!) Mischtöne sind die deutlich interessanteren Aspekte: Also das Sowohl-als-auch. Und kein Entweder-oder!

Auch die erhobene Stimme und die Lautstärke sind eher unbrauchbare Werkzeuge für den Stammtisch. Mit lauten Worten diskutieren wir zwar gerne und vergessen dabei, dass ein hartnäckiges Diskutieren eigentlich nur zu einem totalen Zerschlagen von Argumenten des Anderen führt. Eine Portion zuhörende (!) Höflichkeit täte hier Wunder. Es ist das Salz in der Suppe. Diese Höflichkeit kann zu einem Gesprächs-Beschleuniger werden. Andere sagen dann auch: „Höflichkeit ist die Sortiermaschine des heiteren Denkens." Ein schöner Satz, irgendwo gelesen. Eine nette Beschreibung für eine gute Gesprächskultur. Gutes Zuhören soll zu einem Segen wachsen. Also: Wer Ohren hat zu hören, der höre, was der Geist den Gemeinden sagt (Geheime Offenbarung 2,7). So gesehen wird Mann und Frau sich auf den nächsten Stammtisch freuen – oder?

… über das Sommerfeuer, die alte Gitarre und die toten Soldaten von Hannes Wader

Es sah schon deutlich nach „Mittsommergrün" aus. Und die Terrasse meines Bruders, drüben auf der anderen Rheinseite, wirkte einfach gastlich. Die Weinschorlen schmeckten nach den gereichten Grillwürsten durststillend. Der Abend neigte sich bereits. Das kleine Feuer in der Feuerschale sollte unsere Seelen mehr wärmen als den Körper. Eine entspannende Atmosphäre. Alle Gäste wirkten eher ruhig. Dann holte mein Bruder die Gitarre heraus und spielte unaufdringlich und anscheinend bedeutungslos einige alte Songs von Reinhard Mey. Auch „Über den Wolken …". Es klang vertraut, wie einst in den Zeltlagern der Jugendarbeit. Es wirkte alles so handgemacht. Eben Musik ohne Strom. Die Gespräche liefen trotzdem weiter – jetzt aber eher im Hintergrund.

Dann wurde es plötzlich ganz still. Augenblicklich wurde ein Lied von Hannes Wader vorgetragen: Es spielt am Grab eines jungen Mannes, der im Ersten Weltkrieg gefallen ist. Der Liederzähler überlegt, wie der Soldat zu Tode gekommen sei und ob er seinen wirklichen Feind erkannt habe. Das Opfer bleibt in seiner Namenlosigkeit zurück. Das erschreckt, aber der Refrain noch mehr: „Ja, auch Dich haben sie schon genauso belogen, so wie sie es mit uns heute immer noch tun. Und Du hast ihnen alles gegeben: Deine Kraft, Deine Jugend, Dein Leben!" Klingt wie ein inhaltsreicher Protestsong – war es auch.

Und in der vierten Strophe dieser Hymne konnten wir alle hören: „Und fällt die Menschheit noch einmal auf Lügen herein, dann kann es geschehen, dass bald niemand mehr lebt. Niemand, der die Milliarden von Toten begräbt." Spätestens jetzt waren wir alle an diesem Abend in der brutalen Realität angekommen. Wie viele ukrainische Mütter, aber auch russische Mütter müssen in diesen Zeiten wohl über ihre toten Söhne weinen und klagen. Söhne – hier und da – nur geboren für den Krieg und nicht für das Leben? „Das Schicksal des Menschen ist der Mensch", sagte es einmal Bertolt Brecht scharf. Eine grausame Definition.

SOMMER, FREIZEIT UND ERLEBEN

„Im Namen Gottes bitte ich euch: beendet dieses Massaker … bevor Städte in Friedhöfe verwandelt werden", so fordert es Papst Franziskus unter anderem in seiner Osterbotschaft 2022. Und die evangelische Kirche: „Wir dürfen auch im Angesicht dieses Krieges das Leitbild eines gerechten Friedens nicht aus den Augen verlieren." Nur schön klingende Worte?

Aber wenn niemand mehr über den Frieden spricht und singt, was dann? Wenn Frieden politisch ausgeklammert wird, was dann? Wenn Frieden keine Vision mehr bleibt, was dann?

Ein wahrer Frieden muss immer als eine ewig andauernde Aufgabe betrachtet werden. Friede als systemische Aufgabe? Ja. Die Lieder an diesem Abend verstummen. Die alte Gitarre des Bruders ist inzwischen eingepackt. Zu Hause angekommen fällt der Blick auf ein Kalenderblatt: „Glücklich zu preisen sind die Friedfertigen, denn sie werden Gottes Kinder heißen" (Matthäus 5,9). Auch ein Krieg kann das „Mittsommergrün" nicht vertreiben, und die Kinder des Friedens erst recht nicht. Ein nachdenklicher Abend – oder?

... über scheinbar nervende Kinder, Opas Papierfetzen und den kleinen Mozart in uns

Sommerferien – vor einigen Jahren in der Nachbarschaft: Ein kleiner Junge war bei den Großeltern zu Gast. Er hatte die Nerven von Oma und Opa schon sehr strapaziert. Mal wollte er in dem kleinen Swimmingpool baden, mal auf der Schaukel herumturnen und dann aber wieder auf dem Terrassentisch mit den dicken Bauklötzern herumklopfen. Also anhaltende kindliche Turbulenzen. Was tun? Um endlich ein wenig Ruhe zu haben, nahm der Großvater eine alte Zeitschrift, riss ein Blatt heraus, auf dem die Weltkarte abgebildet war. Dann zerriss er dieses Blatt in lauter kleine Stücke und gab sie dem Enkelsohn: „Schau einmal, ich habe da einen herrlichen Zeitvertreib für Dich. Nimm alle diese Papierfetzen und setz die Welt, wie ein Puzzle, wieder schön zusammen. Das macht Spaß."

Dann gab es einen Espresso für den Jungsenioren und seine Frau lehnte sich erschöpft in den Liegestuhl. Viel zu schnell kam der kleine Kerl mit der zusammengesetzten Weltkarte wieder zurück. „Wie hast Du das bloß angefangen?", fragte der erstaunte Großvater. „Das war ganz einfach", sagte der Kleine, „auf der Rückseite war das Bild von einem Menschen, und ich brauchte nur den Menschen zusammenzubasteln, da war die Welt wieder ganz."

Heute besucht dieser Junge freudig ein Gymnasium. Später will er einmal Archäologe werden. Der Großvater, früher ein Beamter in einer Kreisbehörde, gibt jetzt Nachhilfe für Flüchtlingskinder. Er ist geduldiger und auch weiser geworden. Vielleicht auch demütiger. Seinen Enkelsohn nennt er jetzt seinen besten Freund. Die Seniorin verweilt auch heute noch gern im Liegestuhl. Soweit diese scheinbar alltägliche Sommergeschichte.

Aber! Aber, was lehrt uns dieses simple Erlebnis? Ist diese Kinder-Geschichte auf das Leben übertragbar? Ich meine: Ja! Drei Lehren können wir daraus ziehen:
1.) Versuche nie nur schematisch zu denken – Lösungen können auch wie das „Ei des Kolumbus" vom Ende her (oder von der Rückseite) betrachtet werden.
2.) Tauche zuweilen in die Welt eines Kindes ein und Du meidest den Irrweg durch ein Zu-viel-an-Kopf-Denken. Versuche auch einmal eine emotionale Lösung Deines Problems.

SOMMER, FREIZEIT UND ERLEBEN

3.) Das Leben ist eine lange Lehre in Demut – bewahre Dir deshalb eine gewisse Kindlichkeit. Sie hilft Dir, den zunehmenden Lebensernst und den Lebensfrust des letzten Lebensdrittels zu überwinden.

Noch nicht genug argumentiert? Dann noch ein Wort generell zu Kindern, aufgeschrieben von Antoine de Saint-Exupery (1900–1944): „Jedes Kind ist eine Verheißung an das Leben – und wehe, wenn wir den Mozart ermorden, der in ihm stecken könnte."

Also, auf einen schönen Sommer mit den Kindern aus der Nachbarschaft und gut, dass wir hier an dieser Stelle auch einmal kurz über Kinder gesprochen haben – oder?

… über Rudi Carrell, die Nörgler und den Sonnengesang des Heiligen Franz von Assisi

Kennen Sie noch den großartigen Entertainer Rudi Carrell? Die Älteren unter uns selbstverständlich. Im Sommer 1975 eroberte er mit einem besonderen Sommersong die vordersten Plätze aller Hitparaden. Der Titel lautete: „Wann wird's mal wieder richtig Sommer; ein Sommer, wie er früher einmal war? Ja, mit Sonnenschein von Juni bis September; und nicht so nass und so sibirisch, wie im letzten Jahr." Das ist fast ein halbes Jahrhundert her. Rudi Carrell gab für ewige Zeit den chronischen Nörglern und Pessimisten eine Stimme. Das Lied bleibt unsterblich und gipfelt mit dem Kalauer: „… denn schuld daran ist nur die SPD." Riesenglück für die CDU. Die Radiosender haben heute noch Freude an diesem Schlager. Was viele nicht wissen: Die Melodie ist älter als Carrells Song. Es ist ein Cover des Liedes „City of New Orleans". Soweit dieses Zeitgeschehen. (Letzter Nachtrag in Klammern: Tatsächlich war – laut Aufzeichnungen des Deutschen Wetterdienstes – das Frühjahr 1975 „verregnet und kühl".)

Mit den heutigen überheißen Sommern würde uns ein musikalischer Stoßseufzer nach einem nicht so verrückten und heißen Sommer womöglich in den Ohren eine wohlklingende Abkühlung verschaffen. Aber Vorsicht: Keineswegs wollen wir in das Lager der chronischen Nörgler wechseln. Schon gar nicht, wenn in Hessen endlich die Sommerferien beginnen. Wir dürfen die Kinder nicht enttäuschen; die brauchen ja die Sonne, alleine schon für das Badevergnügen – möglichst ohne Corona.

Im Sonnengesang des Heiligen Franz von Assisi (1181–1226) wird in wunderbarer Weise beschrieben, was es bedeutet, die Sonne „strahlend mit großem Glanz" und als „Sinnbild des Höchsten" zu erleben. Auch findet sich in diesem Lied-Hymnus ein Schwärmen für Mond und Sterne: „Klar und kostbar und schön." Während die Sonne in dieser Lyrik als „Bruder" bezeichnet wird (hängt mit dem altitalienisch zusammen), findet sich das Wasser als „Schwester" wieder: „Gelobt seist Du, mein Herr, durch Schwester Wasser, gar nützlich ist es und demütig und kostbar und keusch." Selbst der leibliche Tod wird im Sonnengesang des 13. Jahrhunderts freundlich als „Schwester" bezeichnet. Franziskus vermittelt somit eine große Ehrfurcht für das Leben und der Betrachter wird herausgefordert, sich für die Natur und ihren Erhalt einzusetzen.

SOMMER, FREIZEIT UND ERLEBEN

Schon Platon wusste zu skizzieren, dass „die Natur ein Brief Gottes an die Menschheit" sei.

Wie komme ich jetzt wieder zu den nörgelnden und klagenden Menschen zurück, also jenen, die immer etwas zu meckern haben? Zuviel Sonne! Zu wenig Sonne! Zu heiß! Zu kalt! Im Grunde genommen geht es diesen nörgelnden Menschen unbewusst um die eigene Anerkennung oder um den Wunsch, die „Welt schlecht zu reden, weil sie nur schlecht sein kann." Der Nörgler sieht nur das Dunkel im Tunnel, der versöhnliche Mensch ahnt schon etwas vom Licht am Ende des Tunnels. Gegenargumente sind für Nörgler nicht tauglich. Was tun? Erhöhe das Verständnis für deren Sichtweisen und zeige so ganz nebenbei, dass die eigene positive Sicht deutlich attraktiver ist. Die letzte Strophe mit Rudi Carrell könnte dann gesungen so lauten: „Wann gibt es mal wieder mehr zufriedene Menschen?" Und der Heilige Franz von Assisi bleibt auch nicht stumm und ergänzt: „Schon ein ganz kleines und sonniges Lied kann viel im Dunkel erhellen."

Psychologisches Fazit: Das Maß einer Sonne hat immer etwas mit der Zufriedenheit des Betrachters zu tun – oder?

... über Onkel Georg, seine Terrasse, die barocken Bischöfe und den Sommerpsalm

Die Terrasse bei Onkel Georg in der Eifel ist wie eine Wohnstube: schattig und mit Blick auf die abschüssige schmale Dorfstraße bis hinunter zum Glockenturm der barocken Dorfkirche. Der kleine Kühlschank in der überdachten Terrassenecke birgt einige kühle Getränke und Säfte. Für seine besonderen Gäste gibt es die modischen Getränke wie Hugo, Aperol oder Waldmeisterbowle. Das größte Glück für ihn ist, wenn seine Gäste deutlich machen, bei ihm sei es ja schöner und gemütlicher als in einem fernen Urlaubsort. Natürlich bieten auch die von seiner Frau gehegten und gepflegten Groß-Oleander mit mediterranem Flair eine besondere Kulisse. Der runde Swimmingpool in der Ecke des verschachtelten Gartens – eigens für die Enkelkinder alljährlich aufgestellt – wirkt wie ein Kinderparadies. Und da Onkel Georg auch die Kasse der Orts-Caritas seit vielen Jahren verwaltet, kommt auch zuweilen der alte pensionierte Ortspfarrer – gerade rechtzeitig zum Mittagsessen – auf die Terrasse.

Die beiden duzen sich seit Jahren, und Onkel Georg lässt kein Streitthema aus. Die barocken Bischöfe sind ihm dabei ein besonderer Dorn im Auge. Dann schimpft Onkel Georg über die Zusammenlegungen der Kirchengemeinden zu den „sogenannten unpersönlichen Groß-Groß-Pfarreien oder unnützen Sommerkirchen" überall in Deutschland. „Das ist eine pure Abstrafung der kleinen Leute, angeblich aus Personal- und Geldmangel." Das sei Quatsch, meint der alte Handwerksmeister. Und dass kein einziges Wort über die Zusammenlegung von den vielen Diözesen zu hören sei, würde ihn am meisten ärgern. Der alte und bescheidene Ortspfarrer gibt ihm da recht. Welcher Bischof würde schon gerne auf seine Macht, seinen Verwaltungsapparat, seinen schönen Bischofsstuhl mit Bischofspalais verzichten wollen. „Also wird wieder einmal bei den kleinen Leuten gespart", meinen die beiden Kirchentreuen, gönnen sich noch ein weiteres Glas des kühlen Sommerweines und verabreden sich zum nächsten 14-tägigen Sonntags-Gottesdienst in der immer leerer und leerer werdenden Dorfkirche.

Onkel Georgs Frau bremst ungern die manchmal sehr offenen Worte ihres Mannes. Einerseits ist sie selbst ängstlicher und womöglich auch angepasster, anderseits liebt sie den kritischen Ideenreichtum ihres Mannes und spricht hinter vorgehaltener Hand: „Du bist immer noch ein romantischer und frommer Spät-68er,

SOMMER, FREIZEIT UND ERLEBEN

mein Schatz." Dabei drückt sie ihn liebevoll und bewundert seine Rüstigkeit und seinen Humor.

Mehr aber noch als andere liebt sie seine Anhänglichkeit für die alten Psalmen der Heiligen Schrift. Und ihr Blick fällt nicht zufällig auf den Sommerpsalm, der von Onkel Georg in einem roten Rahmen auf die Terrassenwand gemalt wurde. Er lautet: „Herr, es gibt Leute, die behaupten, der Sommer käme nicht von Dir, und begründen mit allerlei und vielerlei Tamtam und Wissenschaft und Hokuspokus, dass keine Jahreszeit von Dir geschaffen. Und dass ein Kindskopf jeder, der es glaubt. Und dass doch keiner Dich bewiesen hätte, und dass Du nur ein Hirngespinst. Ich aber hör nicht drauf und hülle mich in Deine Wärme und saug mich voll mit Sonne. Und lass die klugen Rechner um die Wette laufen. Ich trink den Sommer wie den Wein. Die Tage kommen groß daher und abends kann man unter Deinem Himmel sitzen und sich freuen, dass wir sind und unter Deinen Augen leben."

Ja, das trifft die fromme Philosophie von Onkel Georg und seiner Terrasse. Diesen schönen Sommerpsalm hat er irgendwie und irgendwann von Hanns Dieter Hüsch aufgeschnappt, vermute ich heimlich. Gut so!

Alles hat seine Zeit

HERBST, ERNTE UND BESINNUNG

HERBST, ERNTE UND BESINNUNG

Herbstgedanken sind Abschiedsgedanken und haben etwas mit der Fülle und auch mit der Reife des Lebens zu tun. Viele nennen das „Erntedank". Dank für das Selbstverständliche: Brot, Äpfel, Seife, Schokolade, Trauben, Wasser oder einfach nur Dank für gute Menschen. Diese Zeit birgt in sich etwas Sanftes, Stilles, Wehmütiges und zugleich Wunderschönes: Herbst, Buntheit, Ernte und Vollendung. Manche spüren da schon eine Endzeitstimmung und denken an die Endlichkeit des eigenen Lebens und an jene viele Leben, die auf den Friedhöfen keinen Herbst-Blues mehr anstimmen wollen. Nicht nur dort fallen die Blätter unentwegt; auch die Zeit rinnt ungebremst und dennoch werden unsere Herzen bunter. Früchte des Lebens? „Dränge sie zur Vollendung hin und jage die letzte Süße in den schweren Wein", besinnt sich Rainer Maria Rilke in seinem Herbstgedicht. Sucht er nach einer erfüllten Lebensweise? Spürt er etwas von der Vereinsamung des Menschen? Spürt er, dass alles seine Zeit hat? In welche Hand mag der Mensch nach seiner Zeit fallen?

... über den milden September, über Harry Belafonte und den Engel der Güte

Heute ist er 93 Jahre alt. Seine Lieder reisen immer noch um die ganze Welt. Die Rede ist von Harry Belafonte. Geboren 1927 in Harlem – ein unsanfter Stadtteil von New York. Sozialer Brennpunkt. Eines seiner melancholischsten Lieder: „Try to remember – the kind of September". In diesen Tagen klingt es in meinen Ohren erneut. Eine gesungene Lyrik, die an das milde Herbstlicht erinnert und an die Sanftheit und Milde des Alters und der Natur: „Versuch Dich an die frühen September zu erinnern, als das Leben besinnlich war und auch so sanft … als Du ein junger und rauer Mensch warst." Try to remember! Erinnere Dich! Und später heißt es in dem Lied: „… wenn die Erinnerung kommt, dann folge ihr …". „Erinnern heißt auswählen", sagen die Therapeuten. Und die Japaner pflegen ein Sprichwort: „Gute Erinnerungen tragen das Leben." Aber können Sie sich erinnern? Gelingt es Ihnen, Ihre persönlichen Erinnerungen im milden (!) Herbstlicht leuchten zu lassen? Ein gesunder Prozess, wenn es uns gelingt.

Übrigens, das mittelalterliche Wort milde kommt von mahlen. Mild heißt also „zermahlen, fein, weich, sanft". Milde und Sanftheit setzen den Prozess des Gemahlen-Werdens voraus. Die milden Alten sind durch die Mühle des Lebens zermahlen worden. Sie können für ihre Familien ein Segen sein. Wir brauchen sie. Auch jetzt in der Zeit der Coronapandemie, weil sie oft schon „zermahlt" wurden. Die Coronakrise ist geradezu eine solche Mühle des Lebens. Da bleiben Erinnerungen an die früheren Zeiten nicht aus. Viele sonnige Tage liegen hinter uns. „Wenn die Erinnerung kommt, dann folge ihr", singt Belafonte. Ein Weichspüler ist er nicht. Aktivist, Bürgerrechtler und Unicef-Botschafter. Er sucht die Veränderung, will das Sanfte, nicht die Macht und den Profit. Schon Jesus Christus fordert mit seinen milden

HERBST, ERNTE UND BESINNUNG

Augen mehr Barmherzigkeit und Güte. Da ist es gut, wenn uns der Engel der Milde und Sanftheit begegnet, am besten auch in Menschen selbst. Diese Menschen tun uns gut. Gut tun uns auch die religiösen Erinnerungen und Texte: „Wo die Liebe und die Güte, da ist Gott."

Hoffentlich haben wir diese Erfahrungen gemacht, vielleicht auch in unseren eigenen Kirchengemeinden. Wir benötigen Erinnerung. Try to remember. Dann können wir lernen, unser Leben in das sanfte und milde Licht des Herbstes zu tauchen und mit zu summen: „Try to remember, the kind of September"! Übrigens: Belafonte heißt übersetzt „Gute Quelle". Lieber Harry, bleib uns noch erhalten!

Mittagessen mit Gott – er ist viel jünger, als ich dachte – und über Märchen

Ein kleiner Junge wollte unbedingt Gott treffen. Dazu packte er seinen Rucksack. Darin einige Coladosen und Schokoladenriegel. Sein Weg führte zu einem Park. Dort erblickte er eine alte Frau, die auf einer Bank saß und den Tauben zuschaute. Er setzte sich zu ihr. Und als er an seinen Proviant ging, bemerkte er den hungrigen Blick seiner Nachbarin. Er teilte die Schokoriegel und das Cola. Dankbar lächelte die Frau den Jungen an. Ein wundervolles Lächeln. So saßen die beiden den Nachmittag im Park. Als es dunkel wurde, verabschiedete sich der Junge. Zu Hause bemerkte seine Mutter das fröhliche Gesicht ihres Jungen. „Was hast Du gemacht?" Der Junge antwortete: „Ich habe mit Gott Mittag gegessen – und sie hat ein wundervolles Lächeln!"

Ein Märchen? Ja, gewiss! Warum aber üben Märchen seit unseren Kindertagen eine so große Faszination aus? Womöglich ist es die Freude am Identifizieren der im Märchen beschriebenen Helden. Wer hätte da nicht große Lust, in die Rolle unseres kleinen Hauptdarstellers einzutauchen? Das Leben scheint wie ein Abenteuer zu sein. Rätsel und Geheimnis. Und in den Märchen sind die unterschiedlichsten Abenteuer zu bestehen: gegen Riesen, Zwerge, Untiere, Zauberer, Verwunschenes aller Art. Das alles spielt auch in der Seele von Menschen eine Rolle.

Deshalb können Traumdeutungen – nicht nur in einer Therapie – als wichtige Mosaiksteine zur Lebenserhellung beitragen. Die Märchen schildern die Themen der Menschen: die Liebe und die Reifung sowie die Erlösungswege. Und von was soll erlöst werden? Von Ängsten und Zwängen, die uns seit Kindertagen in der Seele liegen. Manche Menschen müssen wie Schneewittchen wach geküsst werden, damit das Erstarrte wieder neu leben darf. Märchen sprengen Grenzen. In den Engen unseres Lebens ist das wichtig. Zum Glück haben Märchen in der Regel ein Happy End. Das gefällt. Besonders der Zusatz: „Und wenn Rapunzel nicht gestorben ist, so lebt sie heute noch mit dem tapferen Königssohn."

HERBST, ERNTE UND BESINNUNG

Der Theologe und Psychoanalytiker Eugen Drewermann fasst zusammen: „Märchen sind Menschheitsträume, vom Gelingen der Liebe und des Lebens und der Suche nach sich selber und dem anderen." Märchen haben ihre Bedeutung nicht verloren. Wir sollten sie erzählen und neue Märchen schreiben. Es gibt herrliche Märchenbücher. Gerade jetzt, wenn die Abende wieder früher dunkel werden. Das kann Ruhe bedeuten. Oder Neugierde.

Natürlich ist unser obiges Märchen noch nicht zu Ende. Da fehlt noch eine wichtige Ergänzung. Erinnern Sie sich an die zweite Person, jene hungrige alte Frau im Park? Auch sie war nach Hause gegangen, wo ihr Sohn sie fragte, warum sie so fröhlich aussehe. Sie antwortete: „Ich habe mit Gott Mittag gegessen – und er ist viel jünger, als ich dachte."

... über Einsamkeit, unbequeme Rüstungen und eine Arznei, die Freude heißt

Es gibt Menschen, denen fliegen Sympathien, Freundschaften und Zuneigungen nur so zu. Sie sind umschwärmt. Als Gäste immer willkommen. Sie können gute und intelligente Geschichten erzählen. Vielleicht haben sie auch einfach nur einen anerkannten Beruf. Man sonnt sich gerne in deren Gegenwart. Es bringt Aufwertung. „Sage mir, mit wem Du verkehrst, und ich sage Dir, wer Du bist", lautet eine alte Weisheit. Das muss aber nicht immer stimmen.

Andere Menschen warten immerfort darauf, dass andere auf sie zugehen. Ein eigener, erster Schritt ist ihnen nicht möglich. Frühere bittere Enttäuschungen bremsen sie. Ungewollt. Diese Menschen warten immerzu. Ohne Ergebnisse. Da ist eine schreckliche Einsamkeit vorprogrammiert. Wer immer nur in seiner Rüstung steckt, ist zu steif dafür, andere Menschen zu umarmen. Sturheit und ständig auf etwas beharren bringt wirklich keine Frucht. Da sollte Flexibilität eine bessere Arznei sein.

Wieder andere Menschen kreisen nur um sich selbst. Erzählen ihre Geschichten zum x-ten Mal. Und wenn sich hier auch noch ein gewisser Egoismus dazu gesellt, dann geht bald gar nichts mehr. Wieder eine Sackgasse. Einsamkeit und Unfreiheit. Freiheit indes wäre: wenn jemand die Fähigkeit besäße, von sich selbst ein paar Schritte zurückzutreten und dabei gleichzeitig auf die Mitmenschen zuzugehen. Diese Dynamik ist ein Talent, eine Gnade für sich selbst und andere. Das muss aber ständig geübt werden. Diese Talente braucht eine Gesellschaft.

Besser auf Freundschaften setzen? Ja, unbedingt und entschlossen. Liebe Leserin, lieber Leser, Sie sollten alle alten und jungen Freundschaften festhalten

HERBST, ERNTE UND BESINNUNG

und vertiefen. Warum? Weil Freundschaften das sicherste Mittel gegen Einsamkeit im Alter ist – aber nicht nur dort. „Freundschaft ist eine Seele in zwei Körpern", meinte einst Aristoteles. Klingt überzeugend. Und Freundschaft drängt das „Ich und ich" aus sich heraus. Das ist wie bei einer Blutwäsche. Die Giftstoffe werden ausgewaschen und der Patient kann wieder leben. Lebensrettung pur. Fasst eine Ekstase. Und wo keine Ekstase ist, da ist auch keine Freundschaft. Bereite anderen Menschen Freude! Sodann Du wirst erfahren, dass Freude sehr freut.

Wer traut wem?

Wer kennt nicht den Berliner Virologen Christian Drosten. Mittlerweile ist sein Gesicht so vertraut wie das von Ingo Zamperoni (ARD).

Beiden ist gemeinsam, dass man/frau ihnen vertraut. Dass Drosten immer wieder beteuert, dass in Bezug auf Covid-19 keine letzte Klarheit herrsche, macht ihn nicht weniger sympathisch, auch wenn der Professor bisweilen sogar seine früheren Einschätzungen auf Grund neuer Datenlage verändern musste. Als Inkompetenz oder Wankelmütigkeit wurde dies kaum gewertet. Es ging ja schließlich um eine Datenlage, also um Fakten. Fazit: Das Vertrauen ihm gegenüber bleibt stabil. „Christian Drosten for präsident!"

Anders ist es in unserem Alltag. Da führen Fehler, Enttäuschungen oder böse Überraschungen schnell zu einem Vertrauensverlust. Besonders dann, wenn es um das menschliche Zusammenleben selbst geht. Da kann das Grundvertrauen rasch eingetrübt werden. Misstrauen ist dann die Folge. Und eine Risikobereitschaft schwindet auf Null. „Das Vertrauen ist eine zarte Pflanze. Ist es zerstört, so kommt es sobald nicht wieder", soll einmal Otto von Bismarck (1815–1898) gesagt haben.

„Vertrauensbildung ist eine Kunst", wissen die Schlauen unter uns. Aber wie kann dieses Vertrauen gebildet werden? Vermutlich braucht es zunächst den Nährboden guter Erfahrungen und den Nährboden eines guten Miteinanders. Des Weiteren sollte auch immer eine ausreichende Portion Wohlwollen in den Teig des Miteinanders gemischt werden. Wohlwollen hat einen ganz angenehmen Geschmack. Aber nicht vergessen: Bei allem Wohlwollen sollte auch immer ein gewisses Maß an Misstrauen gepflegt werden. Das neutralisiert den Teig. Nichts geht verloren. Und schließlich kommt die wichtigste Zutat, sozusagen die Hefe: Benötigt wird nämlich auch die Fähigkeit, anderen zu vergeben. Die Kraft des Verzeihens. Das kann sehr schwierig sein, hilft aber ungemein, wenn man/frau es gelernt hat. Umgekehrt macht es ja schließlich auch Freude, selbst eine Vergebung zu bekommen.

Wie gut, wenn in schwierigen Situationen ein Mensch da ist, dem wir vertrauen können, dem wir sogar unsere Tränen anvertrauen können. Ein Mensch,

HERBST, ERNTE UND BESINNUNG

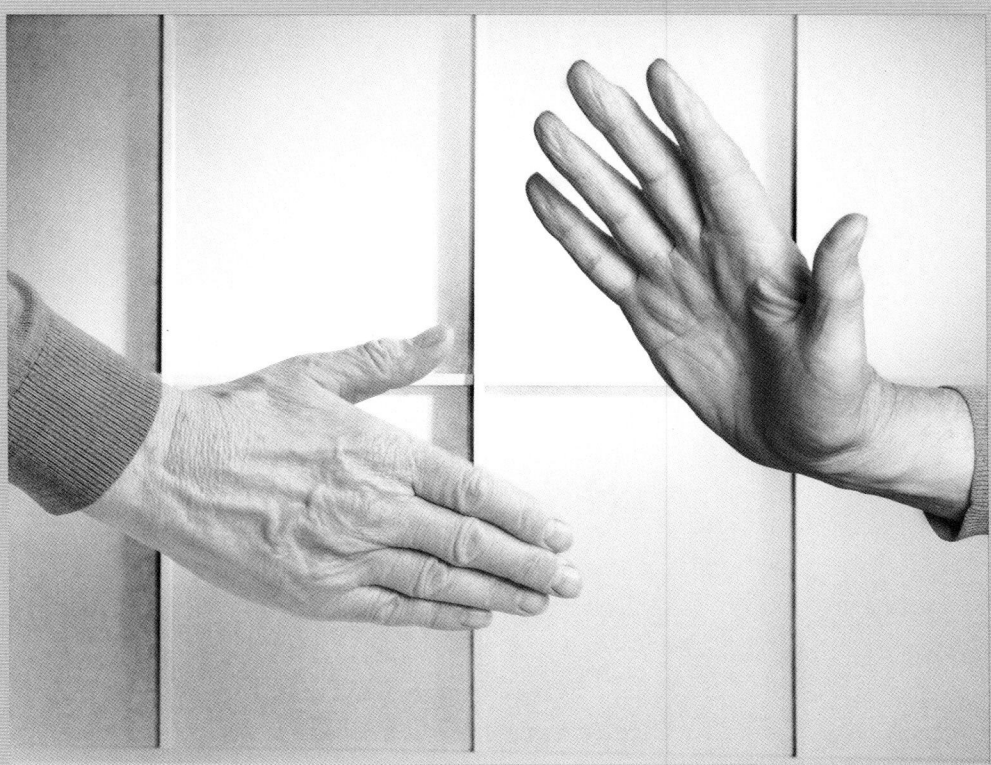

der uns versteht – auch ohne viele Worte. Einer, der uns eine Hand reicht und diese nicht verweigert. Hoffentlich lernen wir nach Corona wieder, angstfrei Hände zu reichen. Ein Handschlag kann viel ausdrücken. Das bedeutet nämlich, dass noch Hoffnung da ist: Wir atmen auf und schöpfen neuen Mut. Vertraute Hände.

Vertrauen führt zur Hoffnung. Hoffnung löst, was uns lähmt. Selbst da, wo scheinbar kein Weg mehr zu sehen ist, findet Hoffnung immer noch einen Ausweg. Das gibt Kraft. Diese Kraft ermöglicht mir, mein Leben zu wagen, ein Risiko einzugehen. „Wer wagt, gewinnt", sagt ein Sprichwort. Wer alles kontrollieren will, ob es auch gelingt, dem wird das Leben zwischen seinen Fingern zerrinnen. Einbruch. Schön, dass wir einmal in aller Ruhe über Vertrauen gesprochen haben. Ob Christian Drosten und Ingo Zamperoni dies auch schon getan haben?

… über Tiger, falsche Methoden, das Boot und das Meer

Von einem alten Weisen wurde in einer Kurzgeschichte folgendes berichtet: Jeden Abend würde er um sein Haus herum kleine Sandkörner ausstreuen. Zuvor schaute er lange auf das kleine Boot unterhalb des Flusses, der dicht am Haus vorbeizieht. Abend für Abend das gleiche Ritual. Einer seiner Schüler, der ihn dabei beobachtete, fragte eines Tages: „Meister, warum streut Ihr Körner um das Haus?" „Um die Tiger fernzuhalten", antwortete der Weise. Der respektvolle Schüler wurde still. Nach einer Zeit wagte er dennoch zu antworten: „Aber Meister, es gibt doch gar keine Tiger in der Gegend!" „Also ist meine Methode wirksam!"

Täuschung? Selbstbetrug? Überheblichkeit? Bluffen oder einfach nur Lebenserfahrung? Die Geschichte schweigt darüber. Aber ticken wir nicht ähnlich? Sind wir nicht auch da und dort von einer Methode so fürchterlich überzeugt, dass wir für andere Sichtweisen wenig Verständnis aufbringen. Enge Schluchten. Deswegen organisieren sich scheinbar auch Menschen in Parteien. Das hilft gegen Feinde und Tiger. Die Feinde wollen einen Baum pflanzen. Aber weil dies eigentlich unsere Idee sein sollte, sind wir dagegen. Lautstarkes Gerede halten wir dann für die besseren Argumente. Bleibt eine schräge Methode, nur Symbol-Politik. Die anderen waren doch schon immer die Nichtkönner und Versager. Und wir? Wir haben die Körner der Weisheit schließlich schon immer mehr und zeitig viel früher gestreut: Schließlich müssen die Räder der eigenen Karriere auch mit dem Fett der Abgrenzung geschmiert bleiben. Denn schon morgen könnten wir das noch größere Sagen haben. Toll! Wo bleibt jetzt der Tiger? Helmut Schmidt nannte dies „die Anwendung sittlicher Grundsätze auf wechselnde Situationen und Mehrheiten". Recht hat er.

Zurück zu unserer Geschichte. Gelehrig beobachtete darin unser Schüler seinen Meister: Abend für Abend. Aber warum blickte der alte Weise so lange auf das kleine Boot im Fluss. Wozu dieses Meditieren? Dies war die zweite Frage des Jungen. Der Meister schwieg jetzt länger. Schließlich kam seine Antwort: „Auch unser Fluss führt irgendwo zum Meer.

HERBST, ERNTE UND BESINNUNG

Dort wird unsere Sehnsucht und Unruhe endlich aufgefangen. Der Strom führt Dich zu Deinem anderen Bestimmungsort. Das macht Sinn. Und Du musst ihm erlauben, Dich verändern zu lassen." Wieder wurde der Schüler still. Veränderung?

Ob unser alter Weise den guten Viktor E. Frankl gelesen hat? Eher nicht. Irgendeiner muss aber voneinander abgeschrieben haben. Denn: Über den Sinn des Lebens gefragt, sagte Frankl ähnliches: „Jeder Mensch hat einen ganz besonderen Sinn zu erfüllen, der so geartet ist, dass dieses Etwas über ihn hinausweist. Niemals dürfe der Sinn in ihm selbst erstarren." Also mehr Weite. Die Philosophen ergänzen klug: „Wenn wir nicht sind, was wir sein sollen, so hat es keinen Sinn, dass wir sind." Ein wirklich schwieriger Satz. Und was hat das mit Symbol-Politik, Methodik und dem gepflanzten Baum zu tun? Das wäre die dritte Frage des Schülers an seinen Meister gewesen.

... über den hässlichen Montag, die Schwungräder und die Gleichgewichte

Kennen Sie dies: Es ist Sonntagabend und mit einem flauen Gefühl im Magen kommt die Erkenntnis: Oh, morgen ist schon wieder Montag und der Alltag beginnt unweigerlich. Montag – der unbeliebteste Wochentag von allen? Und da waren sie wieder, meine drei Probleme: Wochenende vorbei, Montag im Anmarsch und die Laune im Keller. Wie schwer fällt es doch, nach einem schönen Wochenende wieder in die Alltags- und Arbeitsroutine zurückzukehren?

Dieses negative Montagsritual scheint sich von Woche zu Woche zu wiederholen. Schlaglöcher. Warum ticken wir Menschen so? Das tut weder uns noch anderen gut. Dabei könnten wir den Sonntag als Schwungrad für die ganze Woche nutzen. Schöne Begegnungen mit netten Freunden – vorläufig noch auf optischen Abstand. Aber intensive und erfüllte Familientreffen mit Spieleinlagen im Garten – ganz unbekümmert. Oder ein erfrischender Gottesdienst mit schöner Kirchenmusik – jetzt wieder ohne Maske. Dabei den Improvisationen des Organisten an der wohlklingenden Orgel lauschen. Oder sportliche Ertüchtigungen in der heimatlichen Region. Dies alles sind nützliche Schwungräder für die Seele. Ein Schwungrad ist aber nur so gut, wie wir es diesem erlauben, in Schwingung zu bleiben. Die Psychologen nennen dies das „lange Echo des positiven Erlebens". Auch Hobbysänger kennen dies aus ihren Singstunden. Sie schätzen den Fluss des Lebens und jenen der Melodien – fließen und strömen lassen, sich dem Lebenswasser überlassen.

Das Gleichgewicht halten. Equilibrieren. Nicht abstürzen. Das braucht der Körper, mehr aber die Seele. Dazu benötigen wir eine gewisse Achtsamkeit. Achtsamkeit ist heute ein beliebtes Wort spiritueller Autoren. Aber auch die erfahrenen medizinischen Psychosomatiker empfehlen, bei allem achtsam zu sein, beim Atmen, beim Gehen, beim Schwimmen, beim Spülen oder

HERBST, ERNTE UND BESINNUNG

beim Rasenmähen oder beim Stand-Up-Paddeln. Wer ganz bei dem ist, was er gerade tut, der kommt in eine Innerlichkeit, die einfach angenehm ist. Genau das ist das Schwungrad, das mich ganz eins mit mir und den Dingen macht. Wollen wir also nicht in die Montags-Schlaglöcher geraten, dann müssen wir an unserer Haltung arbeiten. Stress wird man nie vermeiden können. Wohl aber die eigenen negativen Glaubenssätze. An uns liegt es, wie wir unseren ungeliebten Montag in positivere Bahnen lenken – ganz im eigenen Tempo. Aber hoffentlich nicht nur montags. Und nicht vergessen: Erst wenn ich losgehe, zeigt sich mein Weg. Das gilt für die ganze Woche. Gut, dass wir einmal über die persönlichen Schlaglöcher gesprochen haben.

... über die Wirbelsäule und über die große Geschichte der kleinen Menschen

Er war Mitte fünfzig. Ruhig trug er seine Beschwerden vor. Die Gesichtsfarbe schien von der Sonne verbrannt. Er arbeitete auf dem Bau. „Meine Wirbelsäule bereitet mir von Jahr zu Jahr größere Schmerzen", merkte er an. Das Taubheitsgefühl in den Beinen würde ihn nur am Abend stören. Überhaupt könne er sich immer weniger in seinem Leben und auf den Baustellen durchsetzen. Er wäre einfach ein zu schwacher Mensch. „Ich glaube sogar, ich bin ein Mensch ohne Rückgrat", resignierte er enttäuscht. Er wurde jetzt noch ruhiger. Kurze Stille. Scheinbar sei er so geboren worden. Die Eltern hätten wohl auch kein Rückgrat besessen. Wenig hätten sie sich zugetraut. Vor lauter Angst vor dem Urteil der anderen hätten beide sich für Passivität entschieden. Jetzt habe er Albträume, er könne so wie Mutter oder Vater werden. Eine merkwürdige Geschichte. Geht es hier um eine Wechselbeziehung zwischen Körper und Psyche auf dem Boden einer offenkundig blassen Kindheit? Eine gestörte Biografie? Ein blockierter Lebenslauf? Völlig egal. Wie diesem Mann jetzt helfen?

In Sachen Seele haben wir Ärzte noch längst nicht ausgelernt. Viele Rätsel bleiben offen, von Schlafstörungen oder migräneartigen Kopfschmerzen ganz zu schweigen. Wenn die Seele leidet, leidet auch der Körper. Das gilt umgekehrt ebenso. Eine harte Realität. Leiden und Freuden stehen wie Licht und Schatten zusammen. Einmal habe ich in einem Fall von hysterischem Fieber mit einer Temperatur von 39 Grad gesehen, dass durch ein einziges Gespräch in wenigen Minuten die psychologische Ursache zu finden war: eine unverarbeitete Trennungsproblematik. Jetzt sprudelten die Worte und Sätze. Spannend. Rasch hatte sich der Patient indes erholt, wirkte geradezu erleichtert

Andere Sorgen bauchen zuweilen länger. Das galt auch für meinen Mittfünfziger. Aber als ich ihm meine vertraute Therapie-Geschichte des kleinen Menschen vortrug, konnte er eine andere Sicht der Dinge entwickeln. Die Kurzgeschichte lautete: „Kleiner Mensch, Du hast keine einflussreichen Beziehungen. Du kassierst keine Dividenden. Du boxt Dich nicht auf Kosten anderer durchs Leben. Wirst oft übersehen. Aber Du machst Deine Arbeit ganz. Du hast Hände, um zu geben. Du lachst und hast Menschen gern."

HERBST, ERNTE UND BESINNUNG

„Ja, ich habe Menschen gern", war seine Antwort nach langer Pause. Ein Schmunzeln lag jetzt in seinem Gesicht. Völlig unbewusst richtete er sich auf dem Stuhl ein wenig nach oben. Jetzt wirkte er selbstbewusster. Es sah gut aus. Es stand ihm gut. Er wolle wissen, wie die Geschichte des kleinen Menschen weitergeht. Und ich fuhr fort: „Kleiner Mensch, Du bist einfach ein besonderer Mensch, und darum bist Du groß, sehr groß sogar."

Inzwischen ist unser Mittfünfziger ein Anfang Sechziger geworden. Vorruhestand. Geht zweimal pro Wochen schwimmen. Die Wirbelsäule hat sich erholt. Sein Rückgrat hat er auch gefunden: Jetzt ist er ein ehrenamtlicher Helfer in einer Caritas-Kleiderkammer und organisiert die wöchentlichen Abläufe. In seiner Freizeit findet er Ruhe auf launigen Parkbänken. Beides wolle er noch 20 Jahre so tun.

… über den Herbst, Onkel Georg und den herbstlichen Duft

Für die klugen Meteorologen beginnt der Herbst bereits am 1. September 2021 war dies ein sonniger Mittwoch und die Tagestemperaturen brachten 22 Grad. Ein wunderschöner Tag. Der kalendarische beziehungsweise astronomische Herbstanfang war allerdings etwas später, am Dienstag, 21. September, exakt um 21.21 Uhr: das Datum der Tagundnachtgleiche. Die Fachleute sprechen dann vom Äquinoktium. Der Mittelpunkt unserer Sonne war an diesem Tag genauso lang: über (!) wie unter (!) dem Horizont. Jetzt nimmt die Sonne Abschied von uns und wendet sich Richtung Süden. „Und die goldgelben Sonnenuntergänge sind zu bewundern", betont mein Onkel Georg beständig. Er wohnt in der Eifel. „Dort riecht der Herbst am Stärksten", sagt er.

Tatsächlich nimmt der Boden unserer Felder einen anderen Geruch auf, nicht nur weil die Kartoffelernte im Gang ist. Viele schwören auf den besonderen Herbstduft mit Chrysanthemen, Astern, allerlei Kürbisgerichten, Waldpilzen oder Kastanien. Sollte der Herbst etwas Besonderes sein? Ja, weil wir Menschen mit dem Herbst wohl stärkere Erfahrung haben; natürlich sehr subjektiv und damit sehr individuell. Unser Gehirn hat bereits festgelegt, wonach der persönliche Herbst riecht. Sprechen Sie einmal in Ihrem Freundeskreis darüber. Sie werden überrascht sein, wie viele Geruchsanalysen vorgetragen werden. Und wenn jemand in der Nähe einer Zuckerrübenfabrik aufgewachsen ist, werden dessen herbstlichen Geruchsassoziationen wiederum im Blick einer besonderen individuellen Erfahrung geprägt sein. Onkel Georg stand auf viele Deutungen. Wie dem auch sei: Der Herbst sei würzig, tiefgründig und sehr vieldeutig, meinte er an den sonnigen Herbsttagen.

Das wusste auch Rainer Maria Rilke in seinem Gedicht „Herbsttag", das er bereits als 27-jähriger im Jahre 1902 entwarf. Darin beschreibt er in nur drei Strophen den Übergang vom Sommer zum Herbst. Es klingt wie ein bilanzierendes Abendgebet, ganz dicht am Leben geparkt. So in der zweiten Strophe: „Befiehl den letzten Früchten voll zu sein – gib ihnen noch zwei südlichere Tage – dränge sie zur Vollendung hin und jage – die letzte Süße in den schweren Wein." Oh, das klingt ja fast nach Berauschung.

Dass der Herbst natürlich auch ein Symbolbegriff für den Menschen selbst ist, verrät unsere Sprache: „Es herbstelt in

HERBST, ERNTE UND BESINNUNG

mir", oder: „Meine Herbstnacht hat keine sieben Sonnen mehr." Zuweilen ist von Einsamkeit und Alleinsein die Rede. Das wusste auch Rilke, wenn er in der dritten Strophe festhielt: „Wer jetzt allein ist, wird es lange bleiben – wird wachen, lesen, lange Briefe schreiben."

In einem Kinderlied indes heißt es zu den Jahreszeiten: „Vier Brüder gehen jahraus jahrein im ganzen Land spazieren; doch jeder kommt für sich allein uns Gaben zuzuführen."

Onkel Georg aus der Eifel kommentierte den Herbst noch praktischer: „Man ist nie zu alt, um wild durch einen Laubhaufen zu rennen." Seine Frau erwiderte: „Quatsch, nur aus den Träumen des Frühlings wird im Herbst Marmelade gemacht." „Ja, genau das meinte ich doch", war Georgs letzte Bemerkung. Ihnen, liebe Leserin, lieber Leser, wünsche ich in Gottes freier Natur neue und gute, herbstliche Geruchserfahrungen.

... über das Magma, die Goldgräber und das Dankeschön

„Wie wäre es mit ein wenig Gold", fragte der naturwissenschaftlich orientierte Lehrer kürzlich in seiner Klasse. Dort: zwölf- bis dreizehnjährige Schülerinnen und Schüler. Dann zeigte er ihnen ein kleines Goldnugget. Es sei die Königin aller Schwer- und Edelmetalle und käme ursprünglich aus dem Erdinnern, genauer gesagt: aus dem Magma. Dort zirkuliert es unentwegt als flüssiges Gestein. Großes Staunen. „Doch woher kommt das Gold im Erdinnern?", so die rasche Frage eines klugen Schülers. Der Lehrer war gut vorbereitet: Es sei ursprünglich aus dem All gekommen und zwar lange bevor die Erde überhaupt existierte. Also durch die Explosion eines gewaltigen Sternes vor viereinhalb Milliarden Jahre. Gewaltig. Zeitsprung. Jetzt, vor circa 4 000 Jahre vor Christus, wurde es endlich gefördert. Seit der Antike ist Gold zu einem Tauschobjekt geworden, heute eine stabile Währung. Glanz pur. Gute Zeiten.

Szenenwechsel: Es gibt aber auch Zeiten, da verliert das Leben seinen Glanz und seine Freude. Beziehungen und Aufgaben, die uns verzaubert haben, wirken schal und müde. Dann tauchen Begriffe wie Midlife-Crisis, Lebensschläge oder Burn-out auf. Um nicht auszubrennen, müssen wir in uns das innere Gold suchen, das unsere Seele hell macht und unserem Leben und unseren Arbeiten wieder Glanz verleiht. Wir brauchen den Zugang zu inneren Kraftquellen, die nie erschöpfen, weil sie unerschöpflich sind. Das klingt nach dem gewaltigen Magma. Wir tragen es in uns und es soll als inneres Gold stets gesucht und gefunden werden. Deshalb sind wir unsere eigenen Goldgräber.

Wenn (wir) Mainzer vom „Goldigen Mainz" und überdies von interessanten Menschen mit einem goldigen Herz sprechen, von denen ein besonderer Glanz ausgeht, liegt eine besondere innere Wertigkeit vor (meine Frau warnt mich an dieser Stelle immer vor einer Über-Idealisierung). Ich widerspreche. Also, was ich sagen will und auch den obigen Schülern: Eine besondere Wertigkeit, ein besonderer Glanz, der wie Gold strahlt, liegt in euch selbst. Schürft und sucht nach dem inneren Gold. Schürft nach

HERBST, ERNTE UND BESINNUNG

dem, was euch inspiriert, was euch Kraft gibt und euch neue Wege zeigt. Denkt an die Fähigkeiten, die in euch liegen. Entdeckt die Ressourcen in euch. Diese Suche ist goldwert. Erlernt das Handwerk des Goldgräbers.

Letzter Szenenwechsel: Eine etablierte Bezeichnung ist der Goldene Oktober, schon allein von der goldig wirkenden Laubfärbung. Einfach nur Dichte. Sinnliche Gerüche. Tiefstehende Herbstsonne. Da sind die Tage des langen Staunens. Fülle des Lebens – einfach kernig und mit viel Innerlichkeit. Sympathische Apfelkerne. Erntedank ist bereits gefeiert. Danksagen! Dank ist da wie Gold. Eine stabile Währung. Glanz pur. Gute Zeiten. Das innerliche Gold bleibt. Aber woher kommt es? Auch aus dem All?

Die Küsse seiner Frau und Gottes große Hand – der Todestag von Onkel Georg

Mein Onkel wohnte mitten in der katholischen Eifel. Er war der Dorf-Schuster. Das graue Bauerndorf im Tal wirkte damals schon verlassen. Gesprächig war er nie. Dafür redete seine Frau fast ununterbrochen. Sein Geburtstag spielte für ihn keine Rolle. Aber an seinem Namenstag – am 23. April – wollte er stets feiern. Dann wurde es in der Wohnstube, direkt neben seiner Werkstatt, mehr als voll. Er war sehr stolz, dass er Georg hieß. Und Onkel Georg erklärte jedes Jahr erneut, dass Georg der „Handfeste und Bodenbeständige" bedeutet. Und, dass der heilige Georg bereits im 3. Jahrhundert als Märtyrer sein Leben besiegeln musste. Ruhe kam auf. Als Zugabe folgte dann die Legende der Drachentötung und dass die Diözese Limburg den Heiligen Georg sogar als Bistumspatron gewählt habe. Zufälliger Weise kam seine Frau auch aus Limburg. Einen Vergleich zwischen dem Drachen und seiner Frau vermied er, dafür war er einfach zu gläubig, besser: ein sehr höflicher Mensch!

Heute ist der Name Georg eine Seltenheit. Noah, Ben und Paul, sowie Hanna, Emma und Mia waren 2019 die meist gewählten Vornamen der Neugeborenen in Deutschland. Schon seit Jahren ist diese Liste fast unverändert. Absolut wichtig scheint es für die Eltern zu sein, ihr Kind unverwechselbar anzusprechen. Vielleicht sogar mit einem Kosenamen: Keks, Mausi, Engelchen, Sternchen oder Hase. Individuell muss es sein. Einmalig, kostbar und liebevoll.

Beim Namen genannt zu werden wird zu einer kostbaren und wichtigen Erfahrung. Prägend. Und wenn aus Georg noch ein Georgi oder Gorgi gezimmert wird, kommt das einer Auszeichnung fast schon sehr nahe. Das wusste auch Onkel Georg. Ihn nannten sie „Gorgi, den Ruhigen". Alle im Dorf.

Auch die Menschen der Bibel freuen sich besonders über das Jesaja-Zitat, das da lautet: „Sieh her: Ich habe Deinen Namen in meine Hand geschrieben", (Jesaja 49,16). Wie groß muss Gottes Hand sein, wenn Millionen Menschen in seiner Hand eintätowiert sind.

Wie können wir ausdrücken, dass unser Schöpfer-Gott uns wirklich bei unserem Namen ruft? Die Kommunionkinder der Mainspitz-Gemeinden haben dazu eine

HERBST, ERNTE UND BESINNUNG

andere Deutung dieser Gottesgeborgenheit vorgenommen und sangen: „Du bist ein Ton in Gottes Melodie, ein schöner Ton in seiner Sinfonie: Mach Dich mit Gottes Melodie vertraut." Die Kinder spüren, dass sie ohne Vorleistung von Anfang an geliebt sind – auch von Gott! Auf dieser Grundlage können sie sich gut entwickeln. Aufbau von Vertrauen ist eine gute Investition ins spätere Leben.

Wer so geliebt ist, wird als erwachsener Mensch wissen, dass die Kindheit – wie Erich Kästner sagt – zum Leuchtturm werden kann, der in das Dunkel des späteren Lebens hineinstrahlt. Viele heute erwachsene Menschen haben eine solche Erfahrung nie machen können. Leidvoll.

Aber Onkel Georg musste einen wirklich guten Leuchtturm gehabt haben. Er hatte Gottes Melodie in seinen Ohren und in seiner Werkstatt summte er oft die schönsten Kirchenlieder. Wenn seine Frau in die Werkstatt kam, wechselte er schnell zu einem Marienlied um. Dann wurde auch sie ganz rasch ruhig und still und schwieg. Sie küsste seine Stirn. Diese ruhigen Momente liebte Onkel Georg am meisten. Im Oktober ist sein Todestag. Ob Gott ihn auch „Gorgi" ruft und seine Stirn küsst? Sicherlich!

… über das besondere Urlaubserlebnis von Tante Thekla in Oberammergau, das Opernglas und über Frauen am Tisch

Tante Thekla aus dem Emsland war in diesen Tagen auf kurzen Sommerbesuch in Ginsheim. Sie kam gerade für eine Übernachtung aus Oberammergau zurück. Dort Urlaub für vier Tage. Sie wollte schon 2020 die vielbeachteten Festspiele im idyllischen Passionsdorf besuchen. Erstmals. Wegen Corona nun zwei Jahre später. Zur Geschichte der Festspiele: Die Oberammergauer Passionsspiele sind das weltweit bekannteste Passionsspiel. In einer mehrere Stunden dauernden Aufführung stellen die Dorfbewohner Oberammergaus die letzten fünf Tage im Leben Jesu nach. Erstmals wurde das Passionsspiel 1634 aufgeführt. Das sind nun jetzt fast 400 Jahre her. Im Jahr 1633 wütete im Dorf eine Pest, wie so oft im damaligen Europa. Die Oberammergauer schworen damals: Sollte niemand mehr an der Pest sterben, wollten sie alle zehn Jahre das Leiden und Sterben Christi aufführen. Es blieb dabei. Jetzt also zum 42. Mal.

Wieder zu Tante Thekla. Neben ihrer harten Arbeit auf ihrem großen Bauernhof hat sie sich auch immer wieder für Theateraufführungen, Pferderennen und vor allem für das kirchliche Leben in ihrem Dorf interessiert. Selbstverständlich hielt sie auch ein bis zwei Pferde auf dem Hof. Wenn der Pfarrer zur jährlichen Tiersegnung kam, gab es von Tante Thekla ein Festessen, nicht ohne den Emsländer Buchweizenpfannkuchen mit Speck und Schmalz. „Die Kultur fängt am Tisch an", pflegte sie dann zu sagen. Billiger Kitsch und Oberflächlichkeit waren ihr stets zuwider. „Ein Leben muss Niveau haben", ergänzte sie.

Jetzt in Oberammergau, so gestand die alte Dame und entschuldigte sich fast schon, habe sie eigentlich eher mit einer kitschigen Inszenierung der Leidensgeschichte gerechnet. „Aber was hatte ich mich da getäuscht: Die über 2000 einheimischen Laienspieler standen mit den 20 Hauptdarstellern total ernst und überzeugend auf einer riesigen Bühne und trugen die Lebensgeschichte von Jesus sehr berührend vor." Tante Thekla schien verzaubert. Inbrunst und Ernsthaftigkeit, das mochte sie. Vor allem gefiel ihr die Fragestellung: Warum wurde Jesus überhaupt ans Kreuz geliefert? Dann brachte sie einen Kernsatz vor, der uns nur so ins Staunen versetzte: „Die Kluft zwischen

HERBST, ERNTE UND BESINNUNG

arm und reich, Macht, Vertreibung und Unterdrückung der Menschen war schon vor 2000 Jahren eine Lebensbremse." Jetzt sprach niemand mehr etwas. Die alte Tante aus dem Emsland hatte wieder einmal Recht.

„Und, wie habt ihr euren Urlaub erlebt?", fragte sie in die Runde. „Auch wir hatten in Südtirol unsere Gipfelerlebnisse im wahrsten Sinne des Wortes", bemerkten wir bescheiden. Aber wir drangen mit unseren Erzählungen gar nicht so richtig durch, denn jetzt schob Tante Thekla noch ein Autogramm von Christian Stückl, dem Regisseur der Festspiele auf den Tisch. „Ich musste nur eine Stunde warten", bemerkte sie stolz. „Für mich ist er ein perfekter Theologe und Gotteskenner."

„Aber warum, liebe Tante, warum?" „Stellt euch vor: Durch mein Opernglas konnte ich erkennen, dass genau vierzehn Menschen am Tisch des letzten Abendmahles saßen. Vierzehn! Zunächst Jesus, dann die elf Apostel (ohne Judas) und noch zwei Frauen." „Frauen?" „Ja, zwei Frauen", resümierte die Tante energisch. „Zwei Frauen am Tisch!" Ihr Schlusskommentar: „Auch die Frauen waren von Anfang an Freundinnen und Jüngerinnen des Herrn – oder?" Pause. „Und warum sollte er diese bei seinem eigenen wichtigen Abschiedsmahl nicht zu Tische eingeladen haben?", fragte sie uns. Pause. Tante Thekla irrt nur selten, auch nicht mit ihren Urlaubserlebnissen in Oberammergau. Danke für ihren Zwischenstopp in Ginsheim. Kultur fängt eben am Tisch an!

… über den Lauffreund Tobias und über seine Suche nach der perfekten Frau

Tobias und ich kennen uns schon fast drei Jahrzehnte. Wir sind Lauffreunde. Dreimal pro Woche sind wir auf unserer Laufstrecke. Nicht wenige Marathonläufe, viele davon im Ausland, hat er für uns beide mit viel Ehrgeiz organisiert. Zuletzt in Wien. Er gehört zu den eher anspruchslosen Läufern. Unterhaltsame Strecken mit viel Musik und Aktion am Straßenrand sind für ihn ein Muss. Die Laufzeit spielt für ihn keine Rolle, Hauptsache nach 42 Kilometern gut und stabil ankommen. Also mit einem Siegerlächeln. Gerne scherzt er dann auch einmal über die Lauffanatiker.

Tobias' Beruf lässt ihm viel Zeit, so dass er nebenher noch Tennis spielen kann. „Sport schenkt mir Lebensqualität", sagt er oft. Neulich hat er mir auch sein neues Rennrad vorgestellt. Tolles Design. Verheiratet ist er nicht. Möchte aber gerne verheiratet sein. Die perfekte Frau hat er noch nicht gefunden. Vermutlich ist er noch auf der Suche.

„In meiner Jugend wollte ich sehr gerne heiraten. Ich suchte lange nach der perfekten Ehefrau und die beste aller Mütter für meine zukünftigen Kinder", resümierte Tobias kürzlich beim Laufgespräch auf einem der Rheindämme. Mit einer Frau muss er wohl einmal sehr dicht vor einer Heirat gestanden haben. Sie wäre attraktiv gewesen, mit wertvollem Charakter und überdies sehr ehrlich. Aber leider wäre sie ungebildet gewesen und nur aus sehr armen Verhältnissen gekommen.

Dann beichtete er weiter: Jahre später hätte er wieder eine Frau gefunden, die total seinen Wünschen entsprach. Sie war sehr gebildet, hatte großartige Umgangsformen, war auch attraktiv, aber sehr geheimnisvoll. Er hätte sich unsterblich in sie verliebt. Doch leider hätte sich herausgestellt, dass sie wohl einen Hang zur Eigensinnigkeit hatte. Das hätte dann so den einen und anderen Streit mit sich gebracht. Also, wieder Trennung und wieder keine Heirat.

Schließlich hatte er die perfekte Frau gefunden. Sie wäre noch attraktiver und schöner gewesen. Nie hätte er sich in seinen Träumen eine solche Frau vorstellen können. Zudem hatte sie einen Hochschulabschluss und war wohlhabend. Wenn Gäste kamen, konnte sie diese charmant bewirten und unterhalten.

HERBST, ERNTE UND BESINNUNG

Das war eindeutig die Traumfrau – auch körperlich.

Aber auch diese Frau hätte er nicht heiraten können. „Nein, leider nicht", murmelte er vor sich hin. „Zu meinem großen Unglück suchte sie den perfekten Mann." Dann lachte Tobias über seine Frauen-Bilanz und über sein Scheitern wegen seiner Perfektions-Bedürfnisse. „Gut", sagte ich, „jeder hat so seine Neurose." Mein Doktorvater kam mir dabei rasch in den Sinn. Dieser ergänzte in den Vorlesungen zum Perfektionswahn sinngemäß immer: „Wenn wir zu sehr und übertrieben nach dem Unerreichbaren streben, verhindern wir so die einfache Lösung des Möglichen." Der perfekte Mensch bleibt eben nur ein theoretisches Konstrukt, denn wo es an Fehlern mangelt, fehlt es auch an Menschlichkeit. Deshalb bleiben wir weiterhin bei den eher nicht so perfekten Menschen.

... jetzt auch über den perfekten Mann

In meiner letzten Kolumne suchte mein Lauffreund Tobias nach der perfekten Frau. Sie erinnern sich: Er war mit seiner lebenslangen Suche gescheitert. Zu einer Heirat war es nie gekommen; trotz seines Wunsches. Spöttisch wurde ich jetzt gefragt, ob ich denn mit der heutigen Kolumne wenigstens auch auf der Suche nach dem perfekten Mann sei? Schließlich gebe es eine Gleichberechtigung und Frauen können ebenso ihre Ansprüche nach Perfektion ins Spiel bringen.

Ich denke aber generell: Das Streben nach einer perfekten Frau oder nach einem perfekten Mann wird ins Leere laufen. Der Mensch bleibt unvollkommen. Auch eine neue Menschheit wird sich durch eine neue Biotechnologie und Genforschung nicht herstellen lassen können. Die Schöpfung des Menschen wird wohl immer lückenhaft sein. „Der perfekte Mensch ist nicht der Mensch, der die volle Macht über sich hat, sondern der Mensch, der auch verletzlich ist – und das wird bleiben", befindet der Sozialethiker und Theologe Roman Globokar aus Erfurt. Ich stimme ihm zu.

Perfektionismus ist eher ein Gift für den Menschen, keinesfalls ein Gewinn. Allen Menschen muss die Möglichkeit vorbehalten sein, Fehler zu machen, mangelhaft und eben alles andere als perfekt zu sein. Ein perfekter Mensch, der sich selbst maßlos überschätzt und seine eigenen Grenzen überschreitet, wird irgendwann scheitern und äußerst langweilig werden. Ich habe einige davon in meiner Praxis immer wieder scheiternd erlebt: Frauen und Männer. Schade für diese Menschen, die sich selbst damit quälen. „Eine gute Schwäche ist besser, als eine schlechte Stärke", so sagte es einmal der aus Armenien stammende, in Frankreich lebende Sänger Charles Aznavour (1924–2018). Ich stimme ihm zu.

Deshalb konnten sich die Menschen der Bibel mit ihren Schwächen, Fehlern und Unzulänglichkeiten von der Freundschaft mit Gott über Jahrtausende immer wieder getragen und auch verstanden wissen. Mir scheint gerade die Begrenztheit des Menschen, sein unperfektes Handeln, seine Schwächen und Ängste gerade zu einer Beziehungsfläche für Gott zu werden. Scheinbar liebt Gott das Schwache und Unperfekte im Menschen. Ich muss immer wieder schmunzeln, wenn ich im Buch Hiob lese, dass Gott wohl dem hilft, der keine Stärke in seinen Armen mehr

HERBST, ERNTE UND BESINNUNG

hat (oder spürt?). Also, ein Heils- und Hilfsangebot Gottes für die nicht so ganz perfekten und schwachen Situationen.

Zurück zur perfekten Frau und zum perfekten Mann. Würde man sich denn mit solchen perfekten Menschen überhaupt identifizieren wollen und können? Ich denke eher nein. Ein Druck, sich selbst immer toller und perfekter machen zu müssen, macht den Menschen bewiesenermaßen krank. „Nobody is perfect", jeder weiß es, und doch ist die Versuchung groß, sich selbst zu überfordern. Jetzt kommt plötzlich der Lauffreund Tobias wieder auf die Laufstrecke. Unser Gespräch über die perfekte Frau geht weiter. Er hätte folgenden Satz in einer psychologischen Zeitschrift gelesen und zitierte mehr als zufrieden: „Die glücklichste Beziehung führen nicht zwei perfekte Menschen, sondern die, die es wissen, die Schwächen anderer perfekt hinzunehmen." Tobias ist geheilt – oder? Ich freue mich auf unser nächstes Laufgespräch!

... über das vollmundige Bier, die Heilige Hildegard von Bingen und Tante Thekla

4000 vor Christus, irgendwo zwischen Euphrat und Tigris: Ein sumerischer Brotbäcker lässt den Teig zu lange in der Sonne stehen. So die Legende. Die Hefekulturen setzen daraufhin einen Gärprozess in Gang. Das Resultat war eine pappige, klebrige Masse mit berauschender Wirkung. Der Vorläufer des heutigen Bieres ist geboren. Und bereits 800 vor Christus hatten die Germanen, so belegen es die später gefundenen Bieramphoren, die Bierkultur weiterentwickelt. Und im frühen Mittelalter wurde die Kunst des Bierbrauens besonders in den Klöstern von Generation zu Generation überliefert.

Josef von Eichendorf, Dichter und Schriftsteller (1788–1857), soll einmal gesagt haben: „In jedem Glas Bier liegt die Erfahrung unzähliger Generationen." Recht hat er. Diesem erkenntnisreichen Gedanken schloss sich gerne auch meine Tante Thekla aus dem Emsland an. Sie liebte besonders das Dunkelbier, weil weniger Alkohol. Natürlich konnte sie auf ihrem Hof auch selbst Bier brauen. Das hatte sie einmal von einem Franziskaner-Mönch gelernt, der im Kloster Schönau Kurse zur bayerischen Braukunst anbot.

Er soll gesagt haben: Dumme rennen, Kluge warten, aber Weise gehen in den Biergarten oder zu den Bierfesten.

Nur noch wenige Tage, dann geht auch das 16. Mainzer Oktoberfest zu Ende: Hopfen und Malz – Gott erhalt's, sagen nicht nur die Mainzer. Ob die Festhallen auf den Wiesen vor Mainz-Hechtsheim den Coronaregeln standhalten, sei fraglich. Ist aber nicht die einzige Fragestellung dieser Kolumne. Vielleicht geht es auch nur um ein wenig Glück. Glück kann man in diesen schweren Zeiten nicht kaufen. Aber ein kühles Bier, und das ist ziemlich das Gleiche. Manchmal. Und weil es um das Bier geht und um das, was die Menschen dazu in Szene setzen, sei die Kirchenlehrerin Hildegard von Bingen (12. Jahrhundert) zitiert. Unsere Nachbarin im nahen Rheingau. Sie soll in ihrem Werk „causa et curae" (übersetzt: Ursprung und Behandlung von Krankheiten) festgehalten haben: „Wenn ein kranker Mensch Durst hat, trinke er Bier, aber kein Wasser, denn das Wasser hat keine Kraft. Es würde seinem Blut und seinen Säften mehr schaden als Hilfe bringen. Nur wenn einer ganz gesund ist, kann er auch hin

HERBST, ERNTE UND BESINNUNG

und wieder Wasser trinken, ohne dass es ihm sonderlich schadet." Zitat Ende. Das hat auch immer Tante Thekla so gesehen und all ihre Männer auf dem Hof mit dieser Heilkunst behandelt. Manchmal sagte die rührige Frau: „In vino veritas – im Bier ist auch so was."

„Du hast in Dir den Himmel und die Erde", dieser Satz stammt ebenfalls aus den Schriften der Heiligen Hildegard von Bingen. Für Menschen mit pessimistischer, verzweifelter oder enttäuschter Haltung ist es schwer, den Himmel in sich zu finden. Wie soll das gehen, wenn wir unser Leben nicht anhalten können, wenn es stets rastlos bleibt. Wie und wo kann ich in der Tiefe meines Menschseins so viel Licht finden, was nach einem Himmel aussieht? Also Himmelsblau. Wie kann ich immer wieder nach Stürzen aufstehen und aufsehen? Aufsehen! Welch ein schönes Wort. Die Psalmisten in der Bibel haben gebetet: „Meine Seele dürstet nach Gott, nach dem lebendigen Gott", (Psalm 42). Das ist Aufstehen. Es tut unserer Spiritualität gut, wenn die Freude an Gott einen irdischen Geschmack bekommt. Deshalb gehe ich gerne zu einem Oktoberfest und genieße den Geschmack eines guten vollmundigen Bieres. „Aber mit Maß und Ziel", ruft Tante Thekla laut nach Mainz-Hechtsheim.

... über den Heiligen Martin und das Basta von Tante Thekla

Wenn in früheren Jahren Tante Thekla aus dem Emsland nach Mainz kam, durfte niemals ein Besuch des Mainzer Domes fehlen. Jeweils am Leichhof begannen ihre Erkundungen: Der gewaltige Westturm mit dem geputzten Domsgickel und das darunter befindliche Uhrenwerk zogen ihre Blicke magisch an. Natürlich ist ihr auch das hübsche Reiterstandbild des Heiligen St. Martin auf dem Dachsattel nie entgangen (heute eingerüstet). Und jedes Mal fragte sie sich, wie das große Steinpferd mit dem Heilige Martin wohl auf das Dach gekommen sei. Dass Tante Thekla früher selbst auf dem Rücken der Pferde saß, verschwieg sie. Sie kam aus der Landwirtschaft. „Immer noch nicht können die Menschen teilen", warf sie ein und erinnerte an die Schlüsselszene des Soldaten Martin, der die Hälfte seines weiten Mantels dem frierenden Bettler hinwarf, wie es auch anderswo zu sehen ist – auch ohne Fernglas.

Natürlich brauchen wir auch keine Ferngläser, um das heutige Frieren von Menschen – Erwachsene wie Kinder - wahrzunehmen. Was sich da, nur zum Beispiel, dieser Tage an der polnisch-belarussischen Grenze am Dorf Bialowicza abspielt, in uralten Wäldern und Sümpfen, ist eine menschliche Katastrophe. Kälte und Dauerregen. Von der menschlichen Kälte der Grenzbewacher auf beiden Seiten ganz zu schweigen. Hier bräuchten wir ein ganzes Heer von Martinus-Soldaten: die nur Mäntel, Wärmflaschen nebst Brot und Getränken verteilten.

Wenn am 11.11. ein Heer von Kindern mit ihren bunten Laternen sich in der katholischen Kirche von Ginsheim zum Martinsspiel versammeln, wird Tante Thekla im Geiste dabei sein. Sie war Erzieherin und mochte mit zunehmendem Alter die Martinsumzüge der Kinder mehr und mehr. „In Tagen der Kälte und in trostlosen Zeiten brauchen wir das Licht der kleinen Laternen", pflegte sie stets zu sagen. Warum ist das so bedeutsam? Die Kinder werden anhand des Heiligen Martin an das Gute im Menschen erinnert. Auch besonders an die Fähigkeiten des Schenkens und Teilens. Dem jungen Soldaten Martin waren die christlichen Werte zwar keineswegs in die Wiege gelegt worden. Dennoch hatte er den Impuls, genau das Richtige in einer Notsituation zu tun. Deswegen wird er seit dem 4. Jahrhundert verehrt. Er soll, so die

weitere Legendenbildung, nie mit seinem Schwert zugeschlagen haben, einzig allein diente es der Mantelteilung. Kein Wunder, dass er später sogar Bischof von Tours (Frankreich) wurde.

Haben wir Menschen mit dem Schenken und Teilen aufgehört? Was ist, wenn wir nur noch uns selbst zu geben gewillt sind? Was empfangen wir dann? Vermutlich nichts. Denn wir bauen dann nichts mehr auf. Bleiben in uns selbst gefangen. An was wollen wir aber teilhaben? Vermutlich an fast nichts. Womöglich ist Schenken und Teilen eher ein Brückenschlag zu uns selbst als zu dem, der beschenkt wird. Hilft uns Schenken und Teilen über den eigenen Abgrund unserer Einsamkeit? „Oh, das sind ja sehr schwierige Fragen", würde Tante Thekla einwenden. „Wenn ich geschenkt habe, habe ich auch gleichzeitig immer mein Herz gefüllt. Das tat gut, basta." Zitat Ende!

… über den Heiligen Martin, den Poeten Enzensberger sowie über die letzten 50 Tage im Schatten des Domes

Am 11.11. ist wieder einmal so ein verrückter Tag. Zum einen feiern die Narren am Rhein alljährlich den Beginn der fünften Jahreszeit. Pünktlich um 11.11 Uhr werden die Narrengesetze ausgerufen. Spannend. Die Menschen sehnen sich nach Freude und zuweilen auch nach Ausgelassenheit. Recht haben sie! Dass auch der große Mainzer Bistumspatron St. Martin gefeiert wird und die Kinder mit Laternen durch die Straßen ziehen und diesen Mann aus Tours verehren, ist eine weitere Definition des 11.11.; und wenn dann auch noch die schmackhafte Martinsgans ins Spiel kommt, wird es noch bunter.

Nicht genug damit: Der 11. November ist auch der 315. Tag des gregorianischen Kalenders und somit bleiben noch exakt 50 Tage bis zum Jahresende. Zählen sie nach. In Asien wird der 11.11. als Tag der Singles gefeiert und am 11. November 1918 endeten die Kampfhandlungen des Ersten Weltkrieges. Leonardo DiCaprio feiert seinen Geburtstag und der erst kürzlich verstorbene große deutsche Schriftsteller Hans M. Enzensberger – ebenfalls am 11. November geboren – merkte trefflich über das Leben an: „Man hat sich Mühe gegeben / unendliche Mühe / obwohl man ganz genau wusste / da war nie ein Triumph in Sicht."

Sich Mühe geben ohne zu wissen, dass es einen Erfolg oder Triumph geben wird, ist eine Alltagserfahrung vieler Menschen.

HERBST, ERNTE UND BESINNUNG

Trotzdem gehen sie beharrlich ihren Weg. Bleiben irgendwo bescheiden, lehnen den krankhaften Ich-Kult ab. Denn übertriebene Selbstbespiegelung und künstliche Imagepflege haben selten nachhaltige Früchte getragen. Ganz anders beim oben erwähnten Martin von Tours. Ein Inbegriff der Nächstenliebe. Jetzt, im Ukraine-Krieg, wieder hoch aktuell. Wie kann ich helfen? Was kann und wie kann ich teilen? Auf was kann ich verzichten, dass der andere nicht hungert oder friert? Schwierige Fragen. Die einen sagen: „Wir können doch nicht die ganze Welt ernähren", und die anderen merken an, „dass man die Augen und das Herz wohl auch nicht verschließen kann." Niemand kann sich seinen Nächsten heraussuchen. Er wird einem vor die Tür gelegt, wie der arme Lazarus vor die Tür des reichen Prassers. Klingt fromm, ist aber unbestrittene Realität. Gewiss, unsere Ratlosigkeit in diesen Zeiten wird zunehmen. Aber das darf nicht dazu führen, dass Antworten und Ideen ausbleiben. Das wäre eine geistige Katastrophe, mehr noch ein schwerer Schatten für die Menschheit.

Wie heißt es noch im Fastnachtsschlager, wo wir angeblich alle im Schatten des Domes leben sollen: „Halt den Narrenspiegel Dir vors Gesicht. Bist Du das wirklich? Ist das denn noch Dein Ich?" Gar nicht so lustig. Schwierige und ernüchternde Fragen: Befinde ich mich tatsächlich in meinem Ich? Bin ich das, was ich sein möchte? Ist das denn noch mein Ich? Der heilige Martin von Tours wusste, für was er steht. Nicht wenige unserer heutigen Menschen stehen mit der Sinnhaftigkeit auf Kriegsfuß. Andere geben sich unendlich Mühe. Ein Triumph für diese bleibt dennoch aus. Da hat Enzensberger recht. Auch mit seinem berühmten Zitat: „Das Leben ist zu kurz, als dass man sich langweilen dürfte." Der 11.11. wird diese Langeweile – in vielerlei Hinsicht – vertreiben. Oder?

… über verbrauchte Luft, die Pflegeversicherung, Corona und das Beten

Seit Ende des 19. Jahrhunderts gibt es am Mittwoch vor dem Ewigkeitssonntag (auch Totensonntag genannt) den Buß- und Bettag. Auch anders gerechnet: immer elf Tage vor dem ersten Advent. Die Idee hierzu war einfach und plausibel: Die Menschen wussten von der Kraft der Besinnung besonders in Notzeiten. „Not lehrt beten", lautet eine alte Weisheit. Beten ist aber viel mehr. Beim Beten kommt unser eigener Geist in Schwung. Es ist wie ein spirituelles Kreuzworträtsel. Wir stümmeln Buchstaben, Silben und Worte und es entstehen ganze Gedanken zum eigenen Leben. Wir reflektieren mit Gottes Wirklichkeit, bezogen auf uns selbst. Das ist quasi eine autogene Psychotherapie mit uns selbst. Unser wackeliges Leben, unsere Furcht und unsere Ängste, aber auch die derzeitigen sozialen Isolationen und vieles andere mehr darf in mir zur Schwingung gebracht werden. Endlich. Eine Sprache des Inneren entsteht. Das klingt nach einer wohltuenden Atempause, wird fast schon zur eigenen persönlichen Melodie. Beten ist in allen Religionen das, was Denken in der Philosophie ist: Ein Tor zur endlosen Weite und damit zur Tiefe.

Das Gebet ist durchaus auch ein emanzipatorischer Akt. Es ersetzt zwar keine Tat, aber es wendet den Blick und befreit zum Gespräch mit dem Innersten. Gerade in der kraftverzehrenden Unruhe unserer Zeit kann das Beten zu einer Kraftquelle werden. Corona beherrscht unsere Nachrichten, Strategien und Gefühle. Das Virus rückt verdammt nahe. Corona scheint unsere Probleme zu verstärken oder führt sie uns jedenfalls deutlicher vor Augen als in „gesunden Zeiten". Auch Probleme, die unterschwellig immer schon da waren, melden sich jetzt plötzlich. Sicherlich wurde auch vieles durch Routine kaschiert. Geht jetzt die Luft aus?

1995 hat man den Buß- und Bettag abgeschafft, um die damals neu eingeführte Pflegeversicherung durch Mehrarbeit der Arbeitnehmer auszugleichen. Das klingt nach totaler Rationalität und spricht für eine praktische Lösung. Der moderne Mensch, die moderne Psyche kommt wohl auch ohne Gebet und Besinnung aus. Bislang! Vor 25 Jahren ahnte keiner etwas von Corona. Wir waren völlig autonom. Und heute? Niemand kann jetzt für sich garantieren. Herr und Herrin im eigenen

HERBST, ERNTE UND BESINNUNG

Haus sind wir schon lange nicht mehr. Das klingt hart. Als wäre Menschsein immer höchst riskant. Corona nötigt uns dazu, vom Unsterblichkeitswahn Abschied zu nehmen. Die Welt befindet sich in einem schmerzlichen Häutungsprozess. Wir sind eingeladen, jeden Tag als Geschenk zu begreifen. Das ist Besinnung. So gesehen würde ich mir den Buß- und Bettag gerne wieder zurückwünschen. Gestern, am 18.11., stand dieser Buß- und Bettag in meinem Kalender.

Und mit allen Christen würde ich gerne heute beten: „Herr, wir glauben, dass Du Gutes aus dem Schmerz, aus Corona und den Widrigkeiten machen kannst. Selbst aus den vielen Ungerechtigkeiten, dem Zerstörten und den Krankheiten des Lebens wirst Du Gutes wachsen lassen können. Wir brauchen die Zeit des Reifens. Hilf uns, Dir in diesen schwierigen Zeiten zu vertrauen. Lass uns an Deiner Seite weitermachen und stets das Angemessene tun. Und vor allem aber: Behalte uns in Deinen gütigen Händen! Erlöse uns aus der Gefangenschaft unserer persönlichen Ängste und stärke unsere inneren Abwehrkräfte. Rufe uns aus der Depression. Schenke uns erneut unser Leben. Amen."

Das wäre frische und unverbrauchte Luft pur – oder?

Wie viel braucht ein Mensch zum Leben?

Der heilige Martin von Tours – sein Gedenktag ist der 11. November – hat eine bestechende Antwort auf diese Frage gefunden. Eine, die so überzeugend ist, dass man noch 1600 Jahren später von ihr erzählt und die Kinder in Laternenumzügen eifrig und freudig davon singen. Der römische Reiteroffizier Martin trifft nämlich mitten im schneebedeckten Winter auf einen frierenden und hungrigen Bettler am Stadttor von Amiens. Und mit einem genialen Schwerthieb teilt er seinen Mantel und hüllt den Bettler damit ein. Sie erinnern sich? Das Teilen ist in unserer satten und ichbezogenen Gesellschaft rar geworden und die Kinder lernen es heute allenfalls nur noch in den kinderreichen Familien, wo die Ressourcen ohnehin gut eingeteilt werden müssen. Eine Grundschullehrerin sagte neulich: „Alle unsere Kinder müssen das Teilen ganz neu erlernen, um sozial verträglicher zu werden."

Die Kraft des Teilens heute zu erfahren heißt aber, ich muss zuvor die Angst überwinden, zu kurz zu kommen. Wem es gelingt, sich als teilender Mensch zu erleben, wird durch sein Handeln mehr inneres Glück erfahren als im Raffen und Besitzen-Wollen. Reichtum kann sogar giftig machen. Teilen indes kann zu einem griffigen Brückenschlag über tiefe Grenzen werden. Je mehr uns geschenkt ist, desto mehr schulden wir der Welt; auch den Flüchtlingen. Der Heilige Martin bleibt aktuell, oder?

Ein November mit seiner Ernte

Zwei ältere Menschen unterhalten sich über den scheinbar tristen November mit seinen traurigen Gedenktagen. Wie das alles überstehen? So viel Dunkel und Trauer. Die beiden versuchen, sich gegenseitig an Traurigkeit zu übertreffen. Dann bemerken sie, dass sie doch recht angefüllt über ihre Gefühle sprechen und mit ihren nahen Tränen sogar dicht am Leben geparkt haben. Wer fühlt, der lebt.

Für die Menschen der Bibel lebt alles, was lebt, einzig und allein deshalb, weil Gott dieses Leben in seiner Hand hält. Auch diese beiden Menschen sind gehalten. Sie müssen nicht alles erklären – noch nicht einmal den Tod und dessen Ohnmacht, die von ihm so schrecklich ausgeht. Eine Erkenntnis aber drängt sich auf: Weil wir wissen, dass alles eine Endlichkeit hat, darf das Leben intensiv, gefühlvoll und vor allem dankbar gestaltet sein. Hand aufs Herz: Wann konnten Sie das letzte Mal so richtig dankbar sein, weil das Leben doch so viel ertragen und im guten Sinn den Menschen damit formen kann und bereichern will?

Das Leben hat eben viel zu bieten – oder?

WINTER, WEIHNACHTEN UND LICHT

WINTER, WEIHNACHTEN UND LICHT

Die Tage werden kürzer. Teelichter sind gefragt. Die Weisheit der Zugvögel wirft ihre Melodie an den Himmel. Kinder mit bunten Laternen tun es ebenso. Heilige Männer wie Martin und Nikolaus und Heilige Frauen wie Barbara und Luzia stehen für die Wunder der Liebe. Marie von Ebner-Eschenbach (1830–1916) sagt: „Die meisten Menschen brauchen mehr Liebe, als sie verdienen." Dazu müssen Türen geöffnet werden. Manchmal können es schon 24 sein. Man nennt dies dann Advent oder Erwartung. Dieser Rhythmus ist alljährlich und damit den Menschen längst vertraut, er hat therapeutische Wirkung. Das wissen auch die Christen und hören nicht auf, ihre Sehnsucht nach Licht und Perspektive auszurichten. Dunkelheit darf kein Dauerzustand bleiben. Deshalb verortet die Kirche die Geburt Jesu – die Ankunft des göttlichen Kindes – in die dunkelste Stunde hinein, in die längste Nacht des Jahres. Diese Nacht ist zugleich auch in jahreszeitlicher Hinsicht die Wende zu mehr Licht und Leben. Ein neuer Anfang darf gefeiert werden – weil alles seine Zeit hat.

... über den blinden Patienten, seine Farbenlehre und seine helle Lebensfreude

Er gehörte zu meinen ganz besonderen Patienten, damals, am alten Praxisort. Gerade über Fünfzig, glücklich verheiratet, zwei Kinder. Seine Frau war Grundschullehrerin und begeisterte Tennisspielerin. Er liebte klassische Musik, sie die Wettkämpfe. Seine medizinischen Probleme waren überschaubar. Die ärztlichen Gespräche über Laborbefunde und gesunder Lebensführung waren ihm ungemein wichtig. Er wollte nichts übersehen. Er war immer am Schmunzeln und Philosophieren. Als Bub war er ein fleißiger Kirchgänger. Er liebte den Weihrauch. Das Pfingstfest schien ihm von allen Kirchenfesten das Wichtigste zu sein: „Da finde ich das Licht", bemerkte er. „Und den Geist zum Leben." Wenn seine Frau im Tennisturnier die Titel holte, stand er immer am Spielfeldrand und lauschte ihrem Atem, den raschen Laufbewegungen und besonders dem Rutschen auf dem roten Tennisboden. Das Aufprallen der Bälle und die Akustik bei ihren Abschlägen verriet ihm den Spielverlauf. Er wusste, sie war wieder in Form. Und wenn die Sonne dabei seinen Kopf wärmte, sagte er, dass Blau jetzt die Farbe des Himmels sei. Er war nämlich blind. Als er gerade fünf Jahre alt wurde, verlor er bei einem tragischen Unfall auf dem väterlichen Bauernhof das Augenlicht. Trotzdem ist das Licht bei ihm geblieben. „Ich glaube an Gott, so wie ein Blinder an die Sonne glaubt, nicht weil er sie sieht, sondern weil er sie fühlt." Diese tiefe Wahrnehmung war einer seiner Kern- und Lebenssätze. Seine Frau hatte er nie sehen können. Hübsch, drahtig und in sich ruhend. Es sei ein tolles Gefühl neben ihr zu sein. „Ein Wesen, das man nicht sieht und doch intensiv spürt." Dies sei eine besondere Realpräsenz. So sei es auch mit Gott. Er, der Blinde, würde oft „die Fenster seines Herzens öffnen" und eine Sehnsucht nach Licht würde in ihm brennen: Auch das sei Gott. Ich hörte ihm gerne lange zu, sprach nur selten. Es war nicht nötig.

Wie er denn wohl mit seinen beiden Kindern über Farben sprechen würde, wollte ich wissen. Damals sagte er, dass die Farbe Grün nach frisch gemähtem Gras duftet und nach Pfefferminzeis schmeckt. Und die Farbe Rot wäre so süß wie eine Erdbeere und die Farbe Gelb schmecke nach Senf und Braun sei die Herbstfarbe, wenn die Blätter vertrocknet auf dem Boden wehen. Diese Erklärungen halfen ihm gegen seine lange Blindheit.

WINTER, WEIHNACHTEN UND LICHT

Er mochte schließlich alle Farben, weil er sie hören, riechen, fühlen und schmecken konnte. Und die jetzt heute erwachsenen Kinder sprechen in diesem schönen Farbenalphabet mit ihm. Natürlich beherrschen alle in seiner Familie das Blindenschrift-Alphabet, die von Louis Braille (1809–1852) erfundene Blindenschrift. So übersetzen sie ihm immer wieder schöne Texte und Weisheiten. Er liest mit den Fingerkuppen auch in Mainz, seinem Lieblings-Dom.

Noch immer denke ich an den blinden Lebensdeuter, der so unendlich viel sieht und begreift. Er liebt alle inspirierenden Kräfte, die für sein Leben wichtig sind.

Heute lebt er an der Nordsee und „schaut" in die Weite des Meeres. Sein Lieblingsgebet – wie könnte es anders sein – lautet dennoch: „Gott lass mich mit meinem Herzen schauen, damit ich lerne, die Menschen immer besser zu verstehen."

... über Lehrer Lämpel, das Amboss-Syndrom und die Kälber

„Also lautet ein Beschluss: Dass der Mensch was lernen muss." Natürlich kennen Sie diesen Satz. Er stammt von Lehrer Lämpel, einer legendären Gestalt, gemalt und gedichtet von Wilhelm Busch (1832–1908). Wie sah Lämpel aus? Schmales Gesicht, lange Nase, dünne Gestalt, eine Schlafmütze auf dem Kopf und ein riesenlanger Zeigefinger, Pfeifenraucher. Es ging nicht nur um Max und Moritz, alle Kinder sollten von Lehrer Lämpel beeindruckt sein: „Nicht allein in Rechnungssachen soll der Mensch sich Mühe machen." Es ging ihm also um das ganze Wissen – jegliche Erziehung inbegriffen.

Immer, wenn in meinem späteren Leben ein Mensch seinen Zeigefinger erhob, musste ich unweigerlich an Lehrer Lämpel denken. Auch an meinen lieben Professor in der Pathologie. Er liebte die Geste des langen Zeigefingers und betonte stets: „Ich gebe Ihnen einen wichtigen Ratschlag: Schauen Sie sich die Leiche stets auch immer vom Rücken an." Wieder ein Raunen im Sektionssaal. „Ob noch ein Messer im Rücken zu finden ist?", flüsterte irgendwer am hinteren Ende des Sektionstisches. „Sie müssen mich ernster nehmen", lautete daraufhin der Kommentar des gekränkten Professors.

Ernst genommen zu werden ist und war immer ein Problem unter uns Menschen. Fachleute sprechen gar von einem Ernsthaftigkeits-Defizit in der Gesellschaft. Anderseits überhäufen wir uns gegenseitig mit nicht enden wollenden Ratschlägen. Kluge und Allesbesserwisser verbergen keineswegs die Fülle ihrer Weisheiten und coolen Ratschläge. An Ratschlägen fehlt es uns also nicht: Aber auch nicht an Nackenschlägen, Schicksalsschlägen, Niederschlägen, kalten Umschlägen, hammerharten Schlägen (das Amboss-Syndrom) und wohl auch nicht an Verbesserungs-Vorschlägen. „Schlag bleibt Schlag", sagen die erfahrenen Therapeuten.

Gerade vor wenigen Wochen hatte ich in der Praxis eine Paartherapie mit einer völlig eingeschüchterten Frau und einem extrem rechthaberischen Mann zu bewältigen. In jeder Stunde fummelte er mehrfach mit seinem Zeigefinger vor ihrem Gesicht herum, erhob die Stimme und betonte, dass er ihr schon mehrfach gesagt habe, wie harmlos er sei. Er wäre der gutartigste Mensch in der

WINTER, WEIHNACHTEN UND LICHT

Nachbarschaft (meinen Briefbeschwerer auf dem Schreibtisch hatte ich vorsorglich in die Schublade gelegt). Als ich einwarf, ob er nicht die Angst-Schläge spüre, die jetzt im Raum durch ihn entstanden seien, wurde seine Stimme endlich leiser.

Wenn Menschen mit Mangel an Selbstvertrauen und einer starken Dosis an Angst dem Leben ausweichen, geraten sie immer mehr ins Abseits. Dann haben es die Starken und die Machstreber leichter – auch Vorgesetzte. „Ihr sollt euch gegenseitig zum Segen sein", so hingegen die Heilige Schrift: Also keine Bevormundung.

Keine Unterdrückung. Keine Qual. Keine übergroßen Zeigefinger! „Wer einen Menschen bessern will, muss ihn erst einmal respektieren", sagte der Mainzer Theologe Romano Guardini (1885–1968). Also keine Rat- und Hammerschläge! Keine übergescheiten Bevormundungen. Und was sagt unser guter Wilhelm Busch zum Selbstbild des Menschen: „Früher, da ich unerfahren und bescheidener war als heute, hatten meine höchste Achtung andere Leute. Später traf ich auf der Weide außer mir noch mehrere Kälber, und nun schätze ich sozusagen: erst mich selber." Das ist eine gute Selbstachtung – oder?

… über Onkel Georg und Leo Tolstoi und den schlechten Schüler Putin

In diesen Tagen meldete sich wieder einmal Onkel Georg aus der Eifel. Natürlich am Telefon. Von Beruf war er einst Dorf-Schuhmacher. Sein Charakter war immer durchschaubar: verlässlich, zurückhaltend und bescheiden. In seiner alten Werkstatt sang er gerne vor sich hin.

Neu für mich war allerdings seine Verbundenheit zu Leo Tolstoi (1828–1910), jenem russischen Schriftsteller, den er wegen seiner vielen sinnsuchenden Kurzgeschichten mochte. Dass diese Erzählungen nebenbei oft noch eine religiöse Deutung lieferten, mochte er besonders. „Diese sind ja besser, als die Predigten der Pastoren", meinte er gelegentlich. Von diesen Kurzgeschichten hatte Onkel Georg eine Sammlung. Man konnte darin viel über die russischen Seelen der einfachen Menschen auf dem Lande erfahren. Dann erzählte er mir, dass Tolstoi – obwohl aus adliger Herkunft – später immer mehr durch sein asketisches Verhalten zu einem Minimalisten wurde. Tolstoi lebte wohl ständig in einer gewissen Fastenzeit. Mein Onkel Georg war nicht weit davon entfernt.

Offenkundig wurde der gute Onkel durch den fürchterlichen Putin-Überfall auf die Ukraine am 24. Februar 2022 so aufgewühlt, dass er einen sofortigen Gesprächsbedarf anmeldete. „Hat denn dieser Putin nie den Tolstoi gelesen?", fragte er unruhig. „Wie wird der einst mit seiner Schuld umgehen?" Dann schwiegen wir beide.

Das war wieder typisch der Onkel. Ich konnte dann nur andeuten, dass Putin wohl keinen Zugang zu seinen inneren Erfahrungen hat und er eine minderwertige Kleinheit in sich trägt, die sein Gewissen – mikroskopisch gesehen – degeneriert hat. Fachmännisch ergänzte Onkel Georg dann: „Klassischer Napoleon-Komplex." Nicht schlecht, dachte ich bei mir.

„Wir müssen die ukrainischen Menschen unterstützen", forderte Onkel Georg und berichtet, dass vor seiner alten Schuhwerkstatt an einem Fahnenmast die ukrainische Flagge schon zwei Wochen lang hinge. Außerdem sammle er tausende von Trekkingschuhen für die Ukraine, es sei schon ein Container voll. Frauen und Männer der Feuerwehren würden diese

WINTER, WEIHNACHTEN UND LICHT

Schuhe jetzt sortieren. Ja, die Eifel ist Onkel Georgs kleine Vorzeigewelt.

„Und wie weit seid ihr in der Mainspitze?", fragte er besorgt. Nicht wissend, dass zwei riesige Trucks der Raven-Logistik auf dem Hörmann Automotive-Gelände in den Morgenstunden zur Ukraine losgefahren sind. Hunderte Helfer aus der ganzen Mainspitze sammelten zuvor tagelang wichtige Hilfsgüter für die Menschen in den ukrainischen Kriegsgebieten. Am Heck der Trucks: natürlich die ukrainische Fahne.

Flagge zeigen. Das war das, was Leo Tolstoi als großer russischer Schriftsteller immer wollte: „Man kann ohne Liebe Holz hacken, Ziegel formen, Eisen schmieden. Aber man kann nicht ohne Liebe mit Menschen umgehen." Schade, dass Putin diesen Tolstoi offenkundig nie gelesen hat.

… über den hässlichen Teppich und die Verstrickungen des Lebens

Sie trafen sich häufig. Sprachen viele Abende lang miteinander über das Böse und Holprige in der Welt. Der Ältere unter den beiden war ein pensionierter Beamter eines städtischen Ordnungsamtes. Der Jüngere hatte nur noch wenige Jahre als Sozialarbeiter zu arbeiten. Ihre Gemeinsamkeit: Freude an den vielfältigen Lebensereignissen.

Eines Abends, als sie schon so manche Antworten gefunden und doch immer wieder auch verworfen hatten, fiel durch eine Unachtsamkeit ein kleiner Teppich, der auf der geräumigen Fensterbank lag, zur Erde. Der eine der beiden langjährigen Freunde hob ihn auf und legte ihn wieder an seinen Ort. Der andere aber bemerkte sehr schnell einen Fehler und sagte: „Du hast den Teppich versehentlich falsch hingelegt, die schöne Seite muss nach oben, die hässliche nach unten."

Nun schauten sich die Beiden den Teppich genauer an. Er war handgeknüpft und hatte auf der Oberseite ein herrliches Muster in leuchtenden Farben, eine echte Kostbarkeit. Auf der Unterseite aber sahen sie nur Fäden und Knoten, abgeschnittenes Garn und ein ganz und gar durcheinander gebrachtes Farbenfeld, kurzum, wenn sie die wirre Unterseite anschauten, konnten sie sich kaum eine Vorstellung von der so schön geordneten Oberseite machen. Da wurden die beiden treuen Freunde still, entkorkten eine Flasche Wein und beendeten vorerst ihre Gespräche über das Böse und Holprige in der Welt.

Unsere beiden Philosophen dachten nämlich: Vielleicht ist es mit dem

WINTER, WEIHNACHTEN UND LICHT

menschlichen Leben wie mit diesem Teppich. Während wir Menschen noch ratlos vor den Verstrickungen und Zerwürfnissen des Lebens stehen, hat die Weisheit Gottes uns schon längst auf der Oberseite eine bunte Herrlichkeit gewebt.

„So habe ich mir immer die bösen Verwirrungen des Lebens auf der Unterseite vorgestellt", meinte der Ältere und ergänzte: „Während die Schicksalsschläge da und dort vielfach an ein totales Chaos und sogar manchmal an Tod erinnern, stehen die ersten Sonnenstrahlen des nächsten Tages bereits treu in ihren bunten Startlöchern." „Ja, es geht wohl immer um Verwandlung und Aufbruch im Leben", antwortete der Jüngere. Dann verabredeten sie sich zu einem Morgenspaziergang. Ich wäre sehr gerne dabei.

… über die Minderwertigkeits-Krümel, den Schuldkomplex und die innere Balance bei der Feuerwehr

Er kam schon seit vielen Jahren in meine Praxis. Er war sehr höflich – das gefiel mir. Gleichzeitig aber war er so unterwürfig – das war weniger schön. Warum konnte er so wenig von seinen eigenen Stärken profitieren? Ich hielt ihn mit seinen 42 Jahren für überaus leistungsfähig. Er aber meinte, er bewege sich eher am unteren Rand einer Mittelmäßigkeit. Im Gespräch wirkte er leicht depressiv. Noch mehr aber war er dünnhäutig. Seine Arbeitskollegen konnten ihn ohne Mühe an den Rand drücken, ihn verletzen und kränken. Wenn er davon erzählte, zitterten seine Lippen, aber er vermied es hartnäckig, Tränen zu zeigen. Was er von Beruf war? Er arbeitete bei der Berufsfeuerwehr eines großen Flughafens.

Er hatte in den letzten Jahren große Einsätze und Arbeitsunfälle verarbeiten müssen. Verletzte und Tote ließen sich in seinem Job nicht vermeiden. Immer wieder fragte er sich, ob alles bei seinem Einsatz richtig und fachgerecht verlaufen sei. Schnell entdeckte er die kollektiven Fehler, aber zuerst bei sich: Er hätte als Maschinist schneller die Geräte zur Funktion bringen können oder sein Lauftempo hätte besser sein können, wenn er zuvor nicht so viel zu Mittag gegessen hätte. Immer entdeckte er einen Minderwertigkeits-Krümel. Mit der Lupe suchte er nach Fehlern, zuerst immer bei sich. Mit seinen Kollegen ging er wesentlich schonender um.

Seine Frau und seine beiden schulpflichtigen Buben schienen eine völlig andere Meinung von ihm zu haben. Sie nannten ihn schlicht und ergreifend „den besten Feuerwehrmann aller Zeiten". Über diese Komplimente konnte er sich freilich kaum freuen. Manchmal deutete er ein bekanntes Zitat um und sagte: „Ich bin doch nicht dazu da, dass mich die Leute bewundern, sondern dass sie durch meinen Einsatz einen Gewinn davon tragen." Eine Fehlinterpretation? Wir wissen es nicht. Psychologen würden indes behaupten: Dieser Mann überfordert sich total und er projiziert seine Ideale in eine Unwirklichkeit. Nichtfachleute würden ihn wohl eher mit Applaus beschenken. Und die treuen Leser der Heiligen Schrift würden ihn trösten wollen und sagen: Kein Mensch ist ohne ein Versagen und wer ohne Schuld ist, werfe den ersten Stein. Wieder andere Zeitgenossen würden aber anmerken wollen: Hätte

unsere Gesellschaft von diesem Mann nur die Hälfte seines Charakters, wäre die Menschheit wohl besser aufgestellt.

Worin bestand nun jetzt der therapeutische Ansatz und das therapeutische Angebot für den Geplagten? Und gab es eine Hausaufgabe für ihn? Ja! Er sollte folgende Übung erlernen: 1.) Vergleiche Dich und Deine Leistung nur danach, wie sehr Du Dich in all den Jahren verbessert hast. 2.) Lobe Dich sofort, wenn Du etwas gut gemacht hast. 3.) Behandle Dich unbedingt auch so positiv, wie Du andere Menschen und Kollegen selbst behandelt hast.

Heute ist mein Patient 50 Jahre alt. Er arbeitet – auch wegen seiner Rückenprobleme – jetzt nicht mehr bei der Berufsfeuerwehr, sondern als Personal Trainer in einer kommunalen Einrichtung. Sein Kommentar: „An der Stelle, wo ich meinen absoluten Anspruch an mich selbst aufgab, konnte ich mich auch selbst wieder deutlich besser annehmen. Das tut gut." Natürlich ist er ein treuer und beständiger Aktiver – jetzt aber direkt bei der freiwilligen Feuerwehr – geblieben: „Schließlich muss es einen Ausgleich und eine Balance geben. Und Hilfe wird überall benötigt." Zustimmung? Ich denke, ja!

… über traurige Kinderaugen, die Grundschullehrerin, Liebe und Hoffnung

Der 24. Februar 2022 wird als ein Datum in die Weltgeschichte eingehen, was den 11. September 2001 in New York langfristig noch überschatten wird. Über sieben Millionen Menschen aus der Ukraine leben mittlerweile in europäischen Staaten als Flüchtlinge. Knapp eine Million davon haben sich ins deutsche Ausländerzentralregister eintragen lassen. 64 Prozent davon sind Frauen und Mädchen und rund 35 Prozent sind Kinder und Jugendliche unter 18 Jahren. Was werden die Kinder und Jugendlichen für eine Zukunft haben? Werden sie ihre Väter, die im Krieg für die Freiheit Europas kämpfen, jemals wiedersehen. Und wo wohnen diese Flüchtlinge jetzt? Wo gehen diese Kinder in die Schule? Werden sie mit ihren Gleichaltrigen lachen, spielen und tanzen können? Wie werden die Lehrerinnen und die Lehrer ihnen die deutsche Sprache beibringen? Und an die schlimmste Frage, welche Gesamtfolgen der russische Angriffskrieg am Ende des Tages überhaupt bringen wird, traut sich so leicht niemand heran. Eine traurige Zeit. Für alle. Nichts für schwache Nerven.

„Traurige und ängstliche Augen haben diese Flüchtlingskinder", sagte mir kürzlich eine überaus engagierte Grundschullehrerin. Und es würde in der Schule überall an Kapazitäten fehlen, ergänzte sie und meinte: „Angst ist ein riesiger Energieaufwand ohne Zielsetzung." Ich musste über ihren Satz lange nachdenken. Die Welt nötigt uns zur Angst. Ständig. Ziellos. Nicht nur die Angst des eigenen Lebens. Sondern alles, was täglich auf uns zuströmt. Die Pessimisten feiern Hochkonjunktur. „Eine verschwenderische Energie ohne Ergebnisse", so wollte sich die Lehrerin verstanden wissen. Sie hat jetzt in der Schule eine Kinder-Tanzgruppe mit deutschen und ukrainischen Kindern gegründet. Das Lachen der Kinder wird scheinbar zu einem melodischen Blumenstrauß. Musik hilft.

15 Musik- und Tanzgruppen, Chöre und Einzelinterpreten, alle vor Ort, hatten jetzt in der Septembermitte ein buntes Benefizkonzert geflochten. Einen Blumenstrauß mit vielseitigem Talent für die Nächstenliebe. Die Ukraine ist nicht vergessen. An diesem kurzweiligen Abend: gute Moderation, motivierte Künstler. Jung und Alt. Auch mit ukrainischen Akteuren. Ich war ergriffen von der Vielfalt: Ob Zwerg- oder Tanzmäuse oder „Freude schöner Götterfunken" oder der unter die Haut gehende Friedenstanz neben dem vertrauten aber melancholischen

WINTER, WEIHNACHTEN UND LICHT

Lied „Holding Back the Years", eben alles andere als ein Verdrängen, sondern ein Versuch der augenblicklichen Wirklichkeit eine Zukunft zu geben.

„Mir schwebt vor, eine Art Multinationale der Liebe und Hoffnung zu schaffen", hätte der brasilianische Bischof Dom Helder Camara (1009–1999) dazu angemerkt. Sicherlich auch Dank der vielen glücklichen Hände aller anwesenden Kulturtreibenden. Ein toller Abend. Chapeau!

Wie war an diesem Benefizabend in einem Liedtext zu hören:
Ich bin ein Flüchtling,
weltweit verleumdet.
Doch ich bringe Dir ein Stück der Welt
von meinem Zuhause
hier in Deinen Hinterhof.
Ich bringe Dir Speisen,
die so raffiniert gewürzt sind,
dass sie Deinen Gaumen revolutionieren.
Ich bringe Dir meine Kinder,
meine kostbaren einzigen Kinder,
um eine Geschichte, eine Zukunft mit Dir zu teilen.
Du und ich sind zu sehr aneinander gebunden,
um so weit voneinander entfernt zu sein.
Ich bin ein Flüchtling
und ich kitte die Menschlichkeit.

(Anmerkung: Der Liedtext stammt von Ifrah Mansour, Somalierin, Flüchtling, Pädagogin und Künstlerin, lebt jetzt in Minnesota. Ihre Kunstwerke erforschen Traumata durch die Augen von Kindern.)

... über die alte Schuhwerkstatt von Onkel Georg, seinen Freund, den Bischof Franz, und die Frauenproteste im Iran

Onkel Georg aus der Eifel ist den treuen Leserinnen und Lesern hier bereits bekannt. Als Meister im Schuhhandwerk und Menschenkenner hat er in seinem kleinen Dorf viele Facetten des Lebens kennengelernt. Abgewetzte Schuhe waren für ihn willkommene Arbeiten. Er vermochte alles zu reparieren. Onkel Georg galt schon in jungen Jahren als Autorität; nicht nur am Stammtisch, donnerstags im Wirtshaus zum Adler, direkt neben seiner geliebten Dorfkirche. Dort pflegte er gerne seine Weisheiten vorzutragen – in der Regel unaufdringlich: „Wer in die Fußstapfen der Großen tritt, fängt bald zu hinken an und braucht bessere Schuhe", so klang einer seiner geflügelten Worte. Gerne benutzte er auch die Redewendung: „Wo drückt der Schuh?" Dann wussten alle, Georg war wieder im Zuhörermodus. Das war gut für den Stammtisch im Adler, es gab immer Sorgen und Einbrüche. Alle kamen gerne in den Adler, auch der Pfarrer. Hier fand er seine Predigtvorlagen.

Die Werkstatt von Onkel Georg war klein. Aber sie roch intensiv nach Kleber. Und in dem bis zur Decke gehenden wackeligen Eckregal befanden sich unendlich viele Schuhe. „Viele nicht abgeholt", bemerkte er, und wer barfuß geht, dem könne man weder die Schuhe besohlen oder irgendwas in die Schuhe schieben. Er war eben ein Lebenskenner. Zum Weihnachtsfest spendete er die Schuhe denen, die sie brauchten. Er wusste genau, wo die Armut im Eifeldorf hauste.

Die Bettler, die damals noch von Haus zu Haus gingen, bat er an den kleinen Esstisch am Ende der Werkstatt. Das schien ihm wichtig. Eine Schnitte Brot oder eine Milchsuppe fand sich immer. Aber alle mussten sich an den Tisch setzen. „Man zwingt Menschen nicht, im Stehen zu essen. Du akzeptierst den Menschen viel eher, der am Tisch essen darf", war der Kommentar von Onkel Georg. Er pflegte stets und immer seine Träume über die Geschwisterlichkeit und die soziale Freundschaft. Das war sein christliches Verständnis.

Sein Vorbild ist der emeritierte Bischof Franz Kamphaus (früher Limburg) geblieben. Dieser lebt mit behinderten Menschen im Vincenz-Stift Aulhausen bei Rüdesheim. Im Februar 2022 wurde dieser an Bescheidenheit kaum zu übertreffende

WINTER, WEIHNACHTEN UND LICHT

Altbischof 90 Jahre alt. Onkel Georg und der Sozialbischof haben viel gemeinsam. Besonders, wenn beide davon sprechen, dass sie nun „auf Gott zugehen". „Wir werden erwartet", sagen beide, auch wenn Onkel Georg zehn Jahre jünger ist. Noch hat er nicht alle Kamphaus-Bücher gelesen. Der fromme Schuhmacher braucht noch Zeit.

Soziale Schicksale waren für Onkel Georg nie ein Fremdwort. Auch nicht die jüngste Tragödie von Zhina Mahsa Amini aus der kurdischen Stadt Saquz im Iran: 22-jährig im Polizeigefängnis brutal getötet. Auch seine eigene, bildhübsche, schwarzhaarige Tochter kam 22-jährig bei einem Autounfall ums Leben. Trauer verbindet. Und Systeme, in denen die Menschen vollständig auf Willkür und Gnade anderer angewiesen sind, waren dem Onkel aus der Eifel von je her verdächtig. „Die Mullahs haben von Gott nichts verstanden", klagt er und bewundert die Kraft und die Ausdauer der rührigen Frauenproteste: „Die schwachen Mullahs haben Angst vor der Meinung der starken und todesmutigen Frauen – das zieht ihnen die Stiefel aus." Das schrieb er auch an die örtliche Zeitungsredaktion. Seine Frau bewundert ihn deshalb immer wieder wegen seiner klaren Gedanken. „Das habe ich von Bischof Kamphaus gelernt", lächelt er verschmitzt und dreht in seine Werkstatt ab. Die beiden Männer könnten tatsächlich biologisch verwandt sein; menschlich sind sie es schon.

Auf los gehts los

Die jetzt begonnene Adventszeit ist keine banale Alltagsbremse durch gehetzte Geschäftigkeit. Sie will eher zum Aufbruch bewegen. Etwa so wie bei einem Startschuss eines 100-Meter-Laufes der Schüler: Auf los gehts los. Adventliche Menschen spüren neue Lebenskräfte, sie entwickeln Spannung und Vertrauen auf das Wesentliche. Sie wollen los. Eine in uns Menschen wohnende Ur-Freude auf etwas Erlösendes und den Alltag Durchbrechendes reißt uns aus den Startlöchern. Dies bleibt ein ewiges Bemühen, manchmal auch mit Fehlstarts. In diese Situation hinein spricht ein Prophet (Jesaja 2, 1-5): „Verliert das Ziel nicht aus dem Blick. Bleibt bei der (heilenden) Wirklichkeit, die für Gott steht."

Aber ein Aufbruch fällt uns Menschen immer schwer und ist ein weiter Weg. Veränderungen fallen schwer. Zu sehr sind wir an unsere eigenen Mechanismen und Abhängigkeiten gebunden. Eigene Ziele in den Blick nehmen, innehalten und sich vergewissern, ob ich noch auf meinem Weg bin, schadet indes nie. So gesehen darf ich – wie der Sportschüler – neu an den Start gehen und zwar jetzt im Licht des Advents – denn auf los gehts los.

Schön, wenn ich ein Ziel im Blick habe.

WINTER, WEIHNACHTEN UND LICHT

Schlaf in himmlischer Ruh?

Was wäre Weihnachten ohne den Reichtum seiner Gesänge, seiner Brauchtumspflege in den Familien, den liebevollen Geschenken, den Weihnachtsmärkten, den merklich volleren Kirchen und vieles andere mehr. Es geht um die Geburt von Jesus, der mit jedem Weihnachtsfest auch Neues in uns bewirken möchte. Denn auch die Bibel sagt uns, dass wir immer wieder neu geboren werden müssen, damit alte Muster, Trauer und Resignationen zerbrechen. Diese hindern uns nämlich, in unserem Leben eigene Lebensspuren zu entdecken, die hoffnungsvoller und viel bewusster gestaltet werden könnten. Wir sollten es versuchen: Vielleicht mit dem neugierigen Blick auf den Erlöser im Stall von Bethlehem. Da kann dann einem schon einmal an der Krippe ein Licht aufgehen und manch eine dunkle Stelle des Lebens erscheint plötzlich klarer und bewusster.

Dies kann uns – im positiven Sinn – sogar sehr wach machen und aufbringen; von himmlischer Ruh ist dann zum Glück weniger zu spüren. Denn durch die Menschwerdung des Gotteswortes ist ein für alle Mal klar geworden, dass der Maßstab für jedes christliche und jedes kirchliche (!) Handeln allein das Vorbild Jesu ist – und das nicht nur an Weihnachten. Wir gehören doch noch dazu – oder benötigen wir keinen Ansporn mehr?

… über den Professor, das dramatische Theaterstück und den ersten Advent

Es waren kalte und ungemütliche Novembertage. Die Heizung im Vorlesungssaal war wieder einmal gefühlt ausgefallen. Der Professor ließ auf sich warten. „Klinische Psychologie" – morgens um acht Uhr. Spärlicher Besuch. Die Vorlesungsreihe beschäftigte sich mit der Frage: „Wie stellen sich Menschen auf eine ungewisse Zukunft ein?" Wir dachten, es ginge um die ganz großen Fragen von unheilbaren Krankheiten. Von schwierigen Prognosen hörten wir damals ja oft genug. Dann begann der große Meister seine Vorlesung mit einer Frage: „Kennen Sie das Theaterstück ‚Warten auf Godot' von Samuel Beckett?" Beckett (1906–1989). Kopfschütteln. Dann kam er nach einer pädagogischen Pause auf den Punkt: In dem berühmten Drama sei von zwei Landstreichern die Rede, die durch ihr ereignisloses Nichtstun in einen fatalen Wartezustand gerieten, der fast zum Suizid führte. Ein nicht enden wollendes Warten. Nur warten und warten! Die beiden Männer sollten nämlich einfach nur auf einen unbekannten Herrn Godot warten. „Eine fürchterliche Geschichte, wenn einem Menschen beim Warten die Zukunft fehlt", bemerkte der Professor. Das wäre ja so, als säße man an einem Bahnsteig, und dort gäbe es keinen einzigen Fahrplan. „Und das ist das große Problem unserer heutigen Patienten", schloss er ab, aber nicht ohne einen deutlichen Hinweis auf eine gewisse Mitbeteiligung bei den Ärzten selbst zu suchen. Mein daneben sitzender Kommilitone malte auf einem DIN-A4-Blatt, wohl aus purer Langeweile, eine übliche große Bahnhofsuhr, aber ohne irgendeinen Uhrzeiger. Ich sehe dieses Bild noch heute vor mir. Ich war von seinem Resümee begeistert. Ja, das meinte wohl der Professor: Es ging ihm um eine seelenlose Zukunft des Menschen. Warten ohne Uhrzeiger. Also bedeutungslos.

Später las ich bei dem großen Theologen Karl Rahner (1904–1984) in seinem Werk „Kirchenjahr" folgenden Sätze: „Wir sind nur zu leicht diejenigen, die sich Träume und ferne Hoffnungen verbieten (…), obwohl man doch, wenn man nicht in die Zukunft schaut, gar nicht weiß, welches der Sinn und das Ziel der gegenwärtigen Aufgabe ist."

Gut, meine lieben Leserinnen und Leser, ich gebe zu: schwierige Sätze. Darf ich diese verkürzen? Karl Rahner sagt: „Gönne Dir träumerisch eine persönliche Zukunft und gönne Dir ein sinnvolles Warten auf diese Deine Zukunft;

WINTER, WEIHNACHTEN UND LICHT

nur das macht Sinn." Ist es jetzt besser zu verstehen? Ich kann aber noch praktischer werden: Gönne Dir (D)einen persönlichen Advent: Wenn es Dir gelingt, bei Dir selbst zu sein, wenn Du die leisen Impulse Deines Herzens wahrnimmst, stehst Du mitten im Advent Deines Lebens. Dieser pocht an Deiner Tür. Er klopft stetig, um Dich aus Deiner eigenen Entfremdung und Kälte herauszuholen. Weg von der Routine – hin zur Wirklichkeit.

Bald werden wir die erste Kerze unsers Adventskranzes anzünden. Diese Kerze wird uns auf erfreuliche Weise einladen, bei uns selbst anzukommen. Wir dürfen immer besser lernen, wer wir selbst sind: Wo unsere Bedürfnisse, unsere Wünsche und unsere Zukunftsgedanken liegen. Wenn wir wissen, wer wir sind, können wir auch in die Warteschleifen des Lebens eintreten. Warten kann dann sogar Sinn machen.

Wollten Samuel Beckett und Karl Rahner uns deshalb zu unseren adventlichen Schätzen führen? Weil warten nicht sinnlos sein muss? Wenn ja, dann wünsche ich Ihnen für Ihre persönliche Adventszeit Mut zum geheimnisvollen Warten und Mut zum Schweigen und Mut zum Wachen. Es könnte Sinn machen – oder?

… über den Zauber des Advents, den Optimismus und nörgelnde Gesichter

In diesen Tagen habe ich viel öfters als sonst wieder vom Stimmungstief der Menschen erfahren; nicht nur in der Sprechstunde. Es ist dies das Phänomen der kürzeren Tage und der längeren Dunkelheit. Nicht wenige Mediziner sprechen dann von der Winterdepression. In einer Welt von Stress und Angst assoziieren die Menschen nicht selten sogar eine Untergangsstimmung. Frauen sind von diesem Stimmungstief dreimal so häufig betroffen wie Männer. Ursache ist schlicht und ergreifend der Lichtmangel. Psychologen aus Großbritannien und den USA raten deshalb, Lichterketten schon früher aus dem Keller zu holen und diese Stimmungsaufheller zeitig in die Advents- und Weihnachtsdeko zu integrieren. Das damit ausgelöste weihnachtliche Glücksgefühl erinnere an die kindlichen Erfahrungen von Freude, Geborgenheit und positiver Erwartung. Ein leuchtender Stern im Küchenfenster oder das Anzünden einer Kerze werden dann zu Genussmomenten. Der Zauber des Advents hat seine Kraft nie verloren. Der Schlüssel liegt einfach im Gefühl und in der Bereitschaft, diese Gefühle zuzulassen. Weihnachtsduft und Lichterglanz sind sinnlich-weihnachtliche Vorfreude. Also ganz große Gefühle.

Als junge Studenten waren wir von der Frage fasziniert: Was passiert im Gehirn, wenn es um Gefühle geht? Schnell war die Antwort gefunden: Es sind komplexe Verhaltensmuster, die sich im Laufe der Evolution herausgebildet haben. Aber wozu brauchen wir diese? Die weitere Antwort: Emotionen, also Gefühle, brauchen wir, wenn wir uns im Alltag orientieren und organisieren wollen. Viele Entscheidungen treffen wir aus dem Bauch heraus. Also eine emotionale Intelligenz? Wir erleben das ständig, auch unbewusst. Gefühle sind ein Bewertungssystem, das mehr oder weniger gut ausgestattet sein kann. Es ist nicht von Anfang an komplett, sondern wird auch durch unsere alltäglichen Erfahrungen ständig erweitert und verfeinert. Je intensiver ein Gefühl erfahren wird, umso deutlicher bleibt es in Erinnerung. Viele Gefühle gehen auch mit einer körperlichen Reaktion einher. Dieses Zusammenspiel zwischen unseren Gedanken, Emotionen und unserem Körper ist untrennbar. Warum ist diese Tatsache wichtig und warum sind wir mehr als nur Schubladen? Weil wir Geist-Körper-Seele-Menschen sind. Wenn wir uns dieser Ganzheit bewusst werden, können wir uns besser ins Leben bringen.

WINTER, WEIHNACHTEN UND LICHT

Untersuchungen haben gezeigt, dass pessimistische Menschen, die mit einem nörgelnden Gesicht unterwegs sind, einen weniger gut durchbluteten Rücken haben. Interessanter Zusammenhang: Stresssituationen und Durchblutung. Also besser optimistisch denken?

Hat Optimismus auch eine Schattenseite? Natürlich. Denn beim Optimismus ist nicht alles Gold, was glänzt. Auch hier gibt es zwei Seiten einer Medaille. Es gibt Studien, die zeigen konnten, dass Pessimisten im Krankheitsfall viel früher zum Arzt gehen und sich genauer an Vorsorgetermine halten. Weil Pessimisten ängstlicher sind? Ein Königsweg scheint auch hier irgendwo in der Mitte zu liegen.

Aber was hat dies alles mit dem Advent zu tun? Nun, in der Adventszeit soll unser großes Sehnsuchtsgefühl angesprochen werden. Das Vordergründige darf weichen. Tiefes Kino ist gefragt. Außerdem geht es um einen Neuanfang. Ein alter Weg wird alljährlich durch Advent und Weihnachten abgeschnitten. Unser Leben kann dadurch eine neue Qualität bekommen. Es geht um das neue Licht. Ein gutes Licht, welches die Illusion der ständigen Überforderung zu entlarven versucht. Die Dunkelheit hat verspielt. Das Stimmungstief ist an seinem Ende angekommen. Eine Ahnung wächst, dass unser Leben durch das Kommen eines Menschen oder eines Ereignisses heller und heiler wird. Das ist doch ein Zauber – oder?

… über Spekulatius, Tante Mina und die Schlüsselloch-Theorie zum Licht

Meine Tante Mina liebte den Advent. Sie war Erzieherin. Die vorweihnachtlichen Dekorationen in ihrer Kita und zu Hause bedeuteten ihr sehr viel. Oft sprach sie von einer Lichttherapie. Geheimnisvoll teilte sie schon zu Beginn der Adventszeit ihre selbst gebackenen Spekulatius-Plätzchen aus. Natürlich hatte Tante Mina auch eine alte Spekulatiusrolle, um den gewürzten Mürbeteig gut zu formen. Den Kindern erzählte sie im überzeugenden Brustton, wie gut Spekulatius für das Knochenwachstum sei und auch die Angst vertreibe. Ein Plätzchen am Tage wäre die richtige Dosierung. Auf keinen Fall mehr. Dann kamen ihre adventlichen Witze: Auch wenn man kein heller Kopf sei, ginge doch in der Adventszeit jedem Menschen „ein Licht nach dem anderen auf." Die Kinder verstanden es nicht ganz. Dennoch waren sie glücklich.

„Advent und Weihnachten verändern den Menschen", gab Tante Mina ihrem Mann oft zu bedenken. Aber dessen Veränderungswunsch lag eher in einem günstigen Glühweinverkauf am dritten und vierten Adventssonntag vor dem Rathaus. Das war spannend. „In der Weihnachtszeit macht man aus Glühwein eben Kohle", war seine prophetische Einschätzung. Mehr wollte er nicht dazu sagen: Das machte ihn glücklich.

Höhepunkt von Tante Minas adventlicher Arbeit war der Weihnachtsbrief an die Kita-Eltern. Nie vergaß sie zu schreiben, dass jene Menschen nicht mehr leben könnten, deren Hoffnung verloren gegangen sei. Man solle sie eben dann wieder suchen. Und man dürfe auf keinen Fall resignieren, nur weil es im Leben vielleicht schon viele Enttäuschungen gegeben habe. Hoffnung wäre wie die Wäschestärke. Die gehöre unbedingt zum Leben. Das sei Advent. Der Pfarrer, als Kita-Betreiber, war zufrieden. Die Eltern auch. Das machte die Tante glücklich. Das ist schon lange her.

Psychologen sagen, der Advent sei nur ein anderes Wort für Kindheit. Sie sprechen von Entwicklungs- und Wachstumsprozessen. Und vom Erwerb von Fähigkeiten. Schließlich müssen Menschen das Warten erlernen oder das Verharren

WINTER, WEIHNACHTEN UND LICHT

vor der verschlossenen Tür aushalten. Tante Mina hatte – wie immer – eine eigene Erklärung: Advent und Weihnachten sei wie ein Schlüsselloch. Man könne aus dem Dunkeln hindurch „den hellen Schein aus der anderen Heimat entdecken." Hoffnung? Das Wort Durchblick gefiel ihr dabei besonders gut. Das sagte Tante Mina auch immer den Kindern: „Ihr müsst durchblicken."

Am 25. Dezember 2010 starb sie 85-jährig am Niederrhein. In diesem Licht schien sie jetzt für immer glücklich: Lichtblick, Durchblick und Weitblick hatten bei Tante Mina schon immer so eine besondere Eigendynamik. Vielleicht sollten wir uns mit Tante Mina adventlich anfreunden – oder?

... über den Adventskranz, die Lichttherapie und den Menschen

Um den Straßenkindern des beginnenden Industriezeitalters die Adventszeit bis Weihnachten zu verkürzen, erfand der evangelische Pfarrer Johann Hinrich Wichern (1808–1881) den Adventskranz. Der Adventskranz hat vier Kerzen, jeweils für die Sonntage. Ursprünglich gab es zwischen diesen Kerzen für die Wochentage noch sechs kleinere Kerzen. So wurde dieser Kranz zu einem Zählkranz. Und mit der zunehmenden Anzahl der brennenden Kerzen kam Weihnachten immer näher. Heute ist es bei den vier Hauptkerzen geblieben. Vier ist eine symbolische Zahl. Vier ist die Zahl der Elemente und der Himmelsrichtungen. Vier Jahreszeiten. Vier ist als Quadrat der Inbegriff einer geometrischen Ordnung. Als Quadratur des Kreises bezeichnen wir schließlich umgangssprachlich eine unmögliche Aufgabe, etwas, was unsere Kräfte übersteigt. Was dem Menschen also schwerlich nicht gelingen will, vermag der kommende Erlöser aus Bethlehem ins Leben bringen. Gottes Menschwerdung durchbricht Enge und führt zur Rundung. Der Lebenskreis beginnt immer von Neuem. Davon profitieren die Menschen seit über zweitausend Jahren.

Gerne sitzen wir vor den brennenden Kerzen, um in ihrem Licht Ruhe und Entspannung zu finden. Gegenüber der grellen Neonbeleuchtung oder den LED-Lichtquellen ist das Kerzenlicht ein mildes und zartes Licht. Es bringt sogar Wärme. Oft wird die Flamme auch als geistige Kraft symbolisiert. In der frühen Kirche galt die Kerze sogar als Symbol für Christus selbst. Und es scheint Christus selbst zu sein, der mit seinem Licht unser Haus und unser Herz erhellt und es im günstigsten Falle aller Möglichkeiten mit seiner Liebe sogar erwärmt. Das wäre eine ganz andere Nachhaltigkeit, aber eher für die Seele: Wärme, Mitgefühl und Anteilnahme sind in einer zunehmend egoistisch geprägten kalten Welt ein gutes Gegengift.

Ohne Licht gibt es nur Dunkelheit. Seit alters ist die Nacht angstbesetzt. Manchmal wird die Nacht zu einem Symbol, wenn Patienten berichten, dass „um sie herum nur Nacht ist". Dann kann Nacht für Depression, Sinnlosigkeit oder

WINTER, WEIHNACHTEN UND LICHT

Ohnmacht stehen. Klagen über Schlaflosigkeit folgen. Heute spricht man in der Medizin von Lichttherapie. Das sind für Theologen und Sinndeuter nützliche Steilvorlagen. Denn wenn Christus am Ende der Adventszeit mitten in eine dunkle Nacht hinein geboren wird, dann könnte dies unsere eigene Nacht verzaubern und uns zu einer glücksbringenden Nacht führen: Zu einer hellen und lichtvollen Weihe-Nacht. Daran sollten wir uns stets erinnern. Aber auch an jenes Licht aus unserem eigenen Bewusstsein, das sehr wohl Licht und Dunkelheit unterscheiden kann. Nutzen wir diese Möglichkeit. Ein Feueranzünder liegt immer auf dem Fensterbrett.

Zurück zu Pfarrer Johann Wichern beziehungsweise zu dessen Zeitkollege Friedrich von Bodelschwingh (1831–1910), der sich offenkundig vom Adventskranz so begeistern ließ, dass er formulierte: „Alle Lichter, die wir anzünden, zeugen von dem Licht, das da erschienen ist, in unserer Dunkelheit." Nutzen wir unseren Anzünder!

… über kleine Törchen, steile Treppen und Bethlehem

Es war bei einem meiner ersten Besuche im Heiligen Land. Die palästinensischen Soldaten kontrollierten uns kurz vor der Stadt Bethlehem. Kalte Winde pfiffen uns um die Ohren. Der Geruch der in der Nähe gelegenen Hirtenfelder war angenehm. Irgendwo wartete der Fremdenführer auf unsere kleine Gruppe. Dann standen wir vor der Geburtskirche. Sie wirkte wie eine Festung. Wo aber war das Eingangstor? Schließlich wurden wir zu einer Öffnung geführt, gerade mal einen Meter dreißig hoch. Wirklich ein sehr bescheidenes altes Törchen. Alle mussten sich bücken, auch die Ungeübten. Für mich wirkte es damals wie eine spirituelle Übung. War es aber nicht wirklich!

Dann kamen wir zum Innenraum der Basilika mit gewaltigen Säulen. Und unter dessen Altarraum führte uns eine unbequeme und steile Treppe endlich hinab zur Geburtsgrotte. Ein kleiner fensterloser Raum. Erhellt von 53 Ampeln. Im weißen Marmorboden zeigte sich ein Stern aus vergoldetem Silber. (Ein großes Foto hiervon hängt übrigens in der Ginsheimer Taufkapelle der katholischen Pfarrkirche.)

Hier also war jener Ort, der die Welt verändern sollte. Hier also der springende Punkt, wo ein kleines Kind den Menschen Hoffnung machen sollte. Ein Heiland. Und aus dieser Hoffnung sollte sich 30 Jahre später die Bergpredigt gründen: Jene Regeln der Liebe, die alles auf den Kopf stellen sollte. Nicht: Wie Du mir, so ich Dir, sondern: Wie Du mir, so ich Dir nicht. Klingt verrückt. Verdammt schwer. Aber es ist die christliche Botschaft.

Aus unserer kleinen Pilgergruppe stimmte eine junge Frau das Lied an: „Kind, das in der Krippe liegt, / König, der sich selbst besiegt, / Wind, der durch die Herzen weht, / Leben, das aus Gott

WINTER, WEIHNACHTEN UND LICHT

entsteht." Nachdenklichkeit stand im Raum.

Bethlehem schafft neue Perspektiven, bringt eine tiefe Sehnsucht aus uns hervor: Wir möchten alle angenommen und geliebt werden. Aber eine Herberge braucht es dazu. Und die sollen wir selbst werden. Das ist Weihnachten. Das unbequeme Eingangstörchen und die steile Treppe spielen jetzt keine Rolle mehr.

… über den hässlichen Vogel am Tannenbaum, das verletzte Kind und den Spaß, an Weihnachten und Gott zu glauben

Zwischenzeitlich sind wohl alle Wohnzimmer mit größeren oder kleineren Tannenbäumen geschmückt. Schließlich soll in zwei Tagen Weihnachten gefeiert werden. Und da ist es gut, wenn ein immergrüner Baum zugleich als Lichterbaum von Christ Geburt berichtet.

Wie lange mag es wohl schon geschmückte Tannenbäume in Deutschland geben? Historiker datieren es mit dem Beginn des 16. Jahrhunderts. Die Christen haben den Tannenbaum an Weihnachten als Paradiesbaum verstanden, von dem die Früchte des Lebens gepflückt werden. Die Früchte des Lebens werden gerne in Äpfeln und Nüssen dargestellt und von alters her an den Baum gehängt. Oder auch die Christbaumkugeln, die die Ganzheit oder Vollkommenheit repräsentieren sollen. Mir gefällt diese Deutung besonders, dass eine Kugel weder einen Anfang noch ein Ende besitzt und auf Gott übertragen werden kann, dessen Existenz schon immer war und immer sein wird: also unendlich, also ohne Anfang und Ende.

An der Spitze des Tannenbaums meiner Großeltern befand sich ein mehr oder weniger hässlicher kleiner Vogel. Er war wohl mehrfach heruntergefallen und immer wieder geklebt worden. Seine Farben waren sehr unnatürlich. Er wirkte schrill. Heute würde ich sagen, es war ein Paradiesvogel. Tatsächlich verrät die Vogel-Symbolik, dass es um Vergeistigung und Frieden (dafür steht die Taube), oder um Weisheit (dafür steht die Eule) und um andere Zauberkräfte (dafür steht der Pfau) geht. Der Vogel meiner Großeltern war wohl eine Komposition aller drei Vögel. Also ein fliegender Wolpertinger. Irgendwann war er verschwunden. Weihnachten konnte trotzdem gefeiert werden.

Warum hat Weihnachten nichts von seiner Faszination eingebüßt? Weil es auch um das göttliche Kind in uns geht. Hört sich schwierig an, ist es aber nicht. Das göttliche Kind ist für den Schweizer Psychiater Carl Gustav Jung (1875–1961) ein Heilsbringer, das uns „ganz" macht und heilt und das verletzte Kind in uns heilt. Natürlich muss man wissen, dass fast jeder Mensch (ob mit einer guten oder weniger guten Kindheit) ein verletztes Kind in sich birgt. Es ist dies das Kind der Angst, das Kind der zu hohen

WINTER, WEIHNACHTEN UND LICHT

Erwartungen oder das übergangene Kind oder das Kind der ständigen Missverständnisse. Das „übersehene" und das „nicht genügende" Kind in uns spielt auch im erwachsenen Leben eine Rolle: „Ich genüge nicht als Vater, als Mutter, als Ehepartner, nicht im Beruf." Und jetzt kommt das therapeutische Geheimnis von Weihnachten: Zunächst ist da einmal der Frieden, der von dem Stall in Bethlehem ausgeht und die Tatsache, dass Gott mit uns einen neuen Anfang feiert. Warum ist das wichtig? Weil viele Menschen das Gefühl haben, durch die eigene Vergangenheit festgelegt zu sein, auch durch Begrenzungen oder durch eigene, nicht so glücklich getroffene Entscheidungen. Da kann rasch eine dumme Lebensbremse entstehen. Aber durch Weihnachten kann diese Bremse wieder gelöst werden. Die Bilder von Weihnachten rühren an den Grundlagen unserer Existenz und sagen: Du bist wieder frei, Du hast eine Würde, Du hast eine Sehnsucht, Du bist neugeboren nicht festgelegt, Du stehst ganz im Licht und in die Finsternis strahlt Gott selbst und wird Mensch. Ich glaube, das ist die eigentliche Frucht des immergrünen Tannenbaumes, natürlich inmitten aller Äpfel und Nüsse und dem komischen Vogel auf der Tannenspitze.

Wie schrieb einst Leonard Cohen (1934–2016): „Es macht so viel Spaß an Gott zu glauben. / Du musst es mal ausprobieren, / am besten jetzt gleich, / und dann finde heraus, ob oder ob nicht. / Gott will, dass Du an Ihn glaubst."

... nur eine zufällige Weihnachtsgeschichte

Es gibt Weihnachtsgeschichten, die vergisst man nie. Eine trug den Titel „Das Paket des lieben Gottes". Ich hörte sie vor Jahrzehnten. Handlungsort war das Schlachthofviertel Chicago, zu Beginn des 20. Jahrhunderts: Tagelöhner, Arbeitslose und Landstreicher tummelten sich in einer heruntergekommenen Kneipe. Dort hatten sie es wenigstens warm und konnten ruhig sitzen. Und sie saßen dort, so lange es irgendwie ging, mit einem Glas Whisky oder einer dünnen Suppe in den Ecken der Kneipe.

Das Geld für den Whisky mussten sie sich zusammenkratzen. Eine trostlose Stimmung. Nur das Gemurmel der Kameraden oder dann und wann ein Lachen auf den einen oder anderen gelungenen Scherz durchbrach die Stumpfsinnigkeit im verrauchten Raum. Es war der Weihnachtsabend. Dann rief – es klang sehr verzweifelt – ein Gast: „Wo bleiben die Weihnachtsgeschenke?" Für den Wirt gab es einen Kübel schmutziges Schneewasser, für den Kellner eine leere Konservendose und für einen einsamen, schweigsamen Mann etwas Besonderes: Dieser Mann fiel den anderen Gästen schon die Abende zuvor auf. Fühlte er sich verfolgt? Hatte er etwas mit der Polizei zu tun? Auf jeden Fall: Er steckte in keiner guten Haut. Genaueres wusste aber niemand, aber einen schwachen Punkt sollte er schon haben.

Und so nahmen die Witzbolde ein paar Blätter mit den Adressen von Chicagoer Polizeiberichten und packten diese in eine herumliegende Zeitung. Geschenkpapier gab es nicht. Dann wurde es still. Die Witzbolde überreichten dem Mann das Geschenk. Zögernd nahm er das Paket in die Hand und sah die schrägen Gäste mit einem etwas kalkigen Lächeln von unten herauf an. Er schüttelte das Paket, um festzustellen, was darin sein könnte. Es wurde immer stiller. Jetzt löste er die Verschnürung. Dann geschah etwas sehr Merkwürdiges: Denn als ein Zeitungsblatt auf den Boden fiel, erblickte er die endlosen Polizeiberichte. Und auf einem verfingen sich seine Blicke. Er bückte sein Gesicht tief herunter und las und las. „Niemals, weder vor- noch nachher, habe ich je einen Menschen so lesen sehen. Er verschlang das, was er las. Und wieder hatte ich niemals, weder vor- noch nachher, einen Mann so strahlend schauen sehen wie diesen Mann", so das

WINTER, WEIHNACHTEN UND LICHT

Zitat des berühmten Schreibers dieser Weihnachtsgeschichte.

Was war geschehen? „Da lese ich eben in diesem alten Bericht", sagte unser Mann mit kratziger Stimme, „dass die ganze Sache in Ohio einfach schon lange aufgeklärt ist und ich mit der ganzen Sache nicht das Geringste zu tun hatte." Also völlig unschuldig! Und alle, die erstaunt dabeistanden und etwas ganz anderes erwartet hatten, freuten sich über dessen Rehabilitation und fingen an, lauthals zu lachen und freuten sich ungebremst. Eine gewisse Stumpfsinnigkeit schien das Lokal zu verlassen. Endlich. Die Menschen waren froh.

Diese Weihnachtsgeschichte stammt aus der sonst spitzen Feder von Bertolt Brecht (1898–1956). Sie ist noch nicht fertig. Erstaunlicherweise beendete er seine Erzählung mit der Feststellung, dass offenkundig nicht die Witzbolde aus der Kneipe diese Nachricht ausgesucht hätten, sondern Gott. So Brechts Beobachtung. Wer hätte das von ihm gedacht? Frohe Weihnachten!

… über Tante Thekla, den Neujahrskuchen und über den Tod meines Doktorvaters

Wenn Tante Thekla aus dem Emsland ihren beliebten Neujahrskuchen anbot, dann standen ihr immer Tränen in den Augen. Es waren Freudentränen. Eigentlich war es ja gar kein richtiger Kuchen; eher eine schmackhafte Waffeltüte. Also ein dünnes Hörnchengebäck, das ungefüllt oder wahlweise mit Sahne oder Kirschen verzehrt werden konnte. Lecker. Entscheidend war, was sie in ihrer gemütlichen Küche jährlich dazu wiederholte: „So, wie das Hörnchen jetzt gefüllt wird, so muss auch das neue Jahr gefüllt werden." Und nach einer andächtigen Pause ergänzte sie: „Legt eure Wünsche, eure Hoffnungen und Stärken und eure guten Absichten mit in das Hörnchen hinein – dann wird euch das Jahr fein gelingen." Das brachte Appetit: Ein Esslöffel Teig = eine Waffel, dann 25 bis 30 Sekunden heißes Eisen = dann war das neue Jahr auch für den Magen und die Seele vorbereitet. Schließlich schloss sich noch eine unmissverständliche Mahnung von Tante Thekla an: „Denkt aber daran, dass Gott am besten weiß, was er in das Füllhörnchen legen muss." Dann packte sie ein Dutzend solcher mit Anis oder Zimt gebackenen Neujahrshörnchen in eine kleine Blechkiste und bat um Rückgabe der leeren Blechdose in einem Jahr.

Zum Glück fragte sie später nie nach dem Erfolg des entsprechenden Jahres. Zwischenfazit: Neben ihren Backkünsten wurde das eigene Vertrauen wie zu einer persönlichen Backhefe. Mir kommt dazu immer ein Wort von Alfred Delp (Widerstandkämpfer und Priester) in den Sinn: „Lasst uns dem Leben trauen, weil wir es nicht allein zu leben haben, sondern Gott es mit uns lebt." Das klingt wie eine Geburtszange, wenn Ängste sich querstellen wollen.

Zurück zu Tante Thekla mit ihrem etwas dunkleren Teint. Sie war schon eine besondere Frau: Bereits am ersten Weihnachtsfeiertag schnitt sie einen kleinen Zweig ihres im Wohnzimmer geschmückten Tannenbaumes ab und legte ihn still auf das Grab ihres Mannes. Es konnte nur dieser kleine Ast sein, kein anderer. Ebenso legte sie am Neujahrsmorgen eine Neujahrswaffel auf das Grab. Vermutlich war diese dünne Waffel durch die Kälte schnell zerbröselt oder wurde später zu einem Picknick der Friedhofsvögel. Was mag diese Tante sich wohl dabei gedacht haben?

War es eine unvergängliche Verbundenheit? War es Hoffnung auf ein Wiedersehen? Psychologen wissen durchaus, dass

WINTER, WEIHNACHTEN UND LICHT

Hoffnung eine viel größere Stimulans des Lebens sein kann als irgendein Glück. Wie eine „Narrheit eines einfältigen Herzens" sah es bei der frommen Tante jedenfalls nicht aus. Sie wusste um die Zusammenhänge zwischen Himmel und Erde, Leben und Tod.

Themenwechsel: Jetzt, am 13. Dezember, ist mein Doktorvater Hermann B. unverhofft gestorben. Ein großer Medizin-Wissenschaftler und Arzt. Er liebte Weihnachtsbräuche und sammelte Weihnachtskrippen. Ihm habe ich einen Neujahrskuchen aufs Grab gelegt. Er liebte die verschiedensten Formen von Volksfrömmigkeiten. Zu guter Letzt ist auch noch eine Freundin, Christel, plötzlich am 29. Dezember gestorben. Sie erinnerte mich an Tante Thekla, unermüdlich, lebensfroh und lebenstüchtig. Für sie ist das letzte Waffelgebäck bestimmt, gefüllt mit der Gewissheit, dass Liebe und Fürsorge immer Ewigkeitscharakter haben. Übrigens: Tante Thekla würde sich über meine Nachahmungen wohl sehr freuen und rufen: „Möge euch das neue Jahr trotz aller Rückschläge gut gelingen!"

MEDITATIONEN, IMPULSE UND GEBETE

MEDITATIONEN, IMPULSE UND GEBETE

Unser Alltag ist geprägt von totaler Funktionalität und dem Anspruch, ständig Leistungen zu erbringen. Ärzte und Psychologen sprechen nicht selten vom Perfektionismus-Wahn. Da bleibt zuweilen die Ruhe für den Körper auf der Strecke und die Menschen reagieren mit Schlafstörungen oder depressiven Einbrüchen. Manchmal auch mit einem Alkohol-Abusus. Schade.

Nicht selten folgen Herz-Kreislaufstörungen. In meinen Kursen „pro sanitate" haben meine Patienten durch Meditationen und Impuls-Geschichten neben den vertrauten Übungen des Autogenen Trainings gelernt, wirklich zur Ruhe zu kommen. Auch die Schweige-Übungen haben dort ihren Platz gefunden. Sogar freie Gebets-Rituale verfehlen ihre therapeutische Wirkung nicht; zuweilen mit und ohne Klangschale. Wichtig ist: nicht analysieren, sondern geschehen lassen. Ebenso auch das Erlernen, gütig zu sich selbst zu sein. Dazu gehört die Tatsache, sich zu erlauben, auch einmal einen Fehler machen zu dürfen. Dennoch gilt: Das „große Ganze" im Auge zu behalten und sich durch Positiv-Geschichten oder nachdenklichen Erzählungen anregen und beflügeln zu lassen. Wichtigster Satz: „Ich schaffe es." Im Folgenden sind ein paar wenige solcher Texte, Meditationen und Gebete zusammengetragen, die zu einer Festigung oder Sinn-Suche beitragen und ursprünglich an verschiedenen Orten oder zu verschiedenen Anlässen eingebracht wurden. Alles zu seiner Zeit.

Alles hat seine Zeit

Schlüsseltext zum Buchtitel

Gott hat alles im Voraus bestimmt.
Alles, was auf der Erde geschieht, hat seine von Gott bestimmte Zeit:
Geboren werden und sterben,
einpflanzen und ausreißen,
töten und Leben retten,
niederreißen und aufbauen,
weinen und lachen,
wehklagen und tanzen,
Steine werfen und Steine aufsammeln,
sich umarmen und sich aus der Umarmung lösen,
finden und verlieren,
aufbewahren und wegwerfen,
zerreißen und zusammennähen,
schweigen und reden.
Das Lieben hat seine Zeit und auch das Hassen,
der Krieg und der Friede.
Was hat ein Mensch von seiner Mühe und Arbeit?

(aus dem Buch Kohelet 3,2-10; zählt zu den Weisheitsschriften im Alten Testament)

MEDITATIONEN, IMPULSE UND GEBETE

Ein kleiner Gedanke zum Buch Kohelet

Wir sollten wissen: Jede Stunde, jeder Tag und jedes Ereignis hat seinen besonderen Charakter und eine besondere Qualität. Zeit verrinnt und vergeht nicht einfach so. Der Kohelet-Text ist sehr aktuell, weil wir Menschen glauben, alles müsse zur gleichen Zeit geschehen. Das ist Überforderung.

Viele kennen diesen vertrauten „gewöhnlichen Alltagsstress". Der aber macht uns krank. Das ist schade, weil wir oft dadurch den richtigen Moment verpassen, loszulassen und sich von dem leiten zu lassen, was im Augenblick für mich und mein Leben am Ehesten wichtig ist.

Was aber zählt wirklich? Was bringt mich tatsächlich weiter? Was macht Sinn? Sollte ich mir nicht die Möglichkeit der kleinen Schritte erlauben? Step by step – oder Schritt für Schritt. Was kann ich trennen? Was ist unbedeutend? Darf ich nicht die Spannung zwischen Gegenwart und Zukunft etwas abbauen? Sollte ich nicht die „Kunst der kleinen Schritte" erlernen? Kleine Momente aus der Zeit nehmen und versuchen, sich in diesen Momenten wohl zu fühlen? Momente zu genießen und das zu sein oder das zu ertragen, was in Ruhe eben zu ertragen ist. Also in der Zeit und im augenblicklichen Moment zu verweilen: Im Jetzt bleiben!

„Es ist der Sonne nicht erlaubt, den Mond einzuholen, noch kann die Nacht den Tag überholen: Alle schwimmen auf ihrer Bahn." (Sure 36,40)

Alles hat seine Zeit

Adam, wo bist Du?

So lautet doch wohl die erste Frage, die Gott
an den Menschen stellt.
Sind wir so weit weg,
dass uns Gott suchen muss?
so selbstvergessen, so selbstverliebt, so selbstbeschäftigt
so farblos und blass?
Nur mit uns selbst beschäftigt und um uns selbst kreisend,
wie die katholische Kirche auch?
Und Gott stellt eine zweite Frage:

Hallo Kain, wo ist Dein Bruder Abel?

Wo ist Deine Verantwortung?
Wo ist Deine Liebe und Fürsorge geblieben?
Schlägt in Dir noch ein Herz für Deinen Bruder
und Deine Schwester?
Ist Deine Nächstenliebe schon im Pfandhaus deponiert,
wegen Zeitmangel kalt abgestellt?
Was hast Du aus der Berufung, als Mensch zu leben, gemacht?
Vergessen, verdrängt, auf morgen verschoben?
Und die dritte Frage:

Habt Ihr mich verraten?

Zu wenig Hirtendienst?
Zu viel an bröckelnder Fassade?
Zu viel Missbrauch durch Macht?
Missbrauch mit kindlichen Körpern und Seelen!
Zu wenig Umkehr und Ehrlichkeit?
Zu wenig nach Wunsch um Heilung?

(Eröffnungs-Impuls bei einem Dekanatstreffen Mai 2019 in Königstädten)

Der Phönix und die Dunkelheit

Auf dem historischen Areal der alten Mainz-Mombacher Waggonfabrik gibt es die Halle 45, besser unter dem Namen „Phönix"-Halle bekannt: Konzerte, Shows, Tagungen oder auch Fastnachtsveranstaltungen werden dort angeboten.

Woher mag der Name Phönix kommen, was bedeutet er?

Nun, eine alte Sage berichtet: Wenn der mythische Wundervogel „Phönix" sein Ende nahen fühlt, baut er sich auf der höchsten Palme ein Nest aus Dufthölzern. Schon vor dem Sterben lässt er die Hölzer von der glühenden Sonne entzünden und facht die Flamme mit einem Flügelschlag an. Dann lässt er sich verbrennen. Und aus der Asche entsteht ein neuer, junger Phönix, der nach vielen Jahren denselben Vorgang erneuert. Soweit diese spannende Geschichte von Leben – Feuer – Asche und Neuanfang – und wieder vom Leben – und wieder von Feuer und Tod.

Wir Menschen nutzen gerne diese Geschichte als Metapher. Dann, wenn ein Mensch aus einer schweren Niederlage heraus oder nach einem schweren Schicksalsschlag sich wieder aufrafft und aufs Neue ein weiteres Leben wagt. Diese Menschen genießen unsere Bewunderung. Manche unter ihnen können für uns sogar zu einem Vorbild werden. Und es ist erstaunlich, wie viel gebeutelte Menschen immer wieder eine Rückkehr zum Leben finden. Nur dann, so scheint es mir, ist eine Sache wirklich total verloren, wenn man in Resignation, Wut oder Enttäuschung gänzlich aufgibt. Also keine Kapitulation, sondern Aufbruch, trotz allem.

Der große Psychologe und Menschenforscher Carl Gustav Jung fügt hinzu: „Auch das glücklichste Leben ist nicht ohne ein gewisses Maß an Dunkelheit denkbar." Er selbst hatte nicht wenige Schicksalsschläge zu verkraften. Schön, wenn es deshalb immer wieder Menschen gibt, die sich von einer großen Kraft heraus über das eigene Schicksal erheben können und den Neuanfang wagen. Wie ist das möglich? Weil im Grunde der Mensch über die lange Zeit der Evolution stets gelernt hat, zu überleben. Unsere Gene sind der Motor dieser Überlebenskunst. Und das ist unsere Absicherung. Andere fügen hinzu: „Ein kleiner und winziger Sonnenstrahl reicht doch schon aus, um das totale Dunkel zu vertreiben." Und wie lesen wir im alten Jesaja-Buch der Bibel: „Es wird nicht dunkel bleiben über denen, die in Angst sind."

(Impuls im Dekanat zum Thema „Trauer")

Gebet zur Coronapandemie

Herr, wir glauben,
dass Du Gutes aus dem Schmerz,
aus Corona und den Widrigkeiten
machen kannst.

Auch aus den vielen Ungerechtigkeiten,
dem Unruhigen und den Krankheiten des Lebens,
wirst Du Gutes wachsen lassen können.
Mit Dir sind wir wandelbar.

Wir brauchen eine Zeit des Reifens.
Hilf uns, Dir in diesen schwierigen Zeiten zu vertrauen.
Lass uns an Deiner Seite weitermachen.
Insbesondere lass uns stets das Angemessene tun.

Und vor allem aber:
Behalte uns in Deinen gütigen Händen.
Erlöse uns aus der Gefangenschaft unserer persönlichen Ängste
und stärke unsere inneren und äußeren Abwehrkräfte.

Rufe uns aus der Depression.
Vertreibe unsere negativen Gedanken.
Lass uns kein Opfer der Coronapandemie werden.
Schenke uns erneut noch einmal das Leben. Amen.

(für die Pfarrgemeinde St. Petrus in Ketten Astheim 2020 entworfen)

Der Friedhofs-Schrei von Ostern

Bei den Nürnberger Kriegsverbrecherprozessen erschien als Zeuge Ende 1945 auch ein Mann, der eine Zeit lang in einem Grab eines jüdischen Friedhofs in Wilna (heutiges Litauen) gelebt hatte. Er war auch der Totengräber. Um dem sicheren Tod in der Gaskammer zu entrinnen, war dies das einzige Versteck, wo er – und viele andere – überleben konnten.

Der Friedhof und die Grabkammern gaben Sicherheit. In einem anderen Grab, ganz in seiner Nähe, gebar eine junge Frau einen Sohn. Unser Totengräber half bei der Geburt. Als das neugeborene Kind seinen ersten Schrei ausstieß, betete ein anderer alter Mann: „Wer anders als der Messias selbst könnte in einem Grab geboren werden?"

Als späterer Zeuge im Nazi-Prozess weinte der Totengräber anhaltend, als er diese Geschichte wiedergab. Eine traurige und berührende Erzählung über die Gottesgläubigkeit der Juden.

Immer, wenn Ostern ist und ich vom Grab Jesu höre, werde ich an diese Geschichte aus Wilna erinnert: „Wer anders als der Messias selbst könnte aus einem Grab auferstehen?"

(aus einem Predigt-Impuls Fastenzeit 2020)

Nur ein paar Gedanken über Schnürsenkel

Eine unaufdringliche Betrachtung

Wer kennt sie nicht: Schnürsenkel,
lange, kurze, bunte
und manchmal nicht auf ewig reißfest,
dennoch ein praktisches Material.
Sie sollen die Schuhe binden
oder auch festzurren –
gut, wenn man sie hat.
Gut, wenn man auch andere Dinge
damit zusammenbinden kann.
Vielleicht die vielen Strohhalme
zum Kinderfest.
Vieles darf in unserem Leben
ebenso verbunden und gebunden sein.
Meine Vergangenheit
mit meiner Zukunft.
Alte Aufgaben
und neue Aufgaben.
Menschen mitnehmen,
einbinden, verbinden,
auf Pilger- und Lebenswegen.
Sich von Hoffnung leiten
und binden lassen?
Anknüpfen. Festknüpfen.
Sich binden lassen – vielleicht auch von Gott?
Eingewebt sein, unzertrennlich verbunden,
aber reißfest und mit Sicherheitsnadel.
Verbinden. Verbunden sein.
Geht es auch um unsere Wunden?
Äußere Wunden, innere Wunden?
Schnürsenkel in den Notfallkoffer?

(auf einer Lourdes-Reise, Frühjahr 2019)

Brauchen wir das Sicherheitskonzept Gottes?

Was ist, wenn es keine Brückengeländer mehr gäbe,
um Menschen vor dem Absturz zu bewahren?
Was ist, wenn es keine Hochwasserdämme mehr gäbe,
um Menschen vor den Überflutungen zu retten?
Was ist, wenn es keine Operationsräume mehr gäbe,
um Menschen von Tumoren oder zerstörten Gelenken zu befreien?
Was ist, wenn es keinen Gott mehr gäbe,
der im Netz seiner Liebe und Geborgenheit die Menschen schützt?
Was ist, wenn es keinen Sonntag mehr gäbe,
der uns im Rhythmus einer Woche
die Güte Gottes offenbart.
Was ist, wenn es keine stillen Kirchenräume mehr gäbe,
wo die Kerzen darin
uns an Gottes große Zukunft erinnern
und an das Willkommen
des eigenen Lebens?
Was ist, wenn unsere vielen kirchlichen Rituale
uns nicht mehr mit Segen begleiten?
Was ist, wenn wir vergessen,
dass die Quelle unseres Lebens Gott selbst ist?
Was ist, wenn das Sicherheitskonzept Gottes
nicht mehr abgerufen wird
und unsere Zugehörigkeit verloren geht?

Nein, Abstürze brauchen wir nicht!
Meine engen Grenzen bleiben die Einbruchstore Gottes!

Weite meine Beschränktheit zu Offenheit
und meine Sehnsucht zu Geborgenheit. Amen.

(Gebet bei einem Besinnungstag in Wiesbaden-Auringen 2013)

Auszüge aus der Dompredigt am 13.03.2022 in Mainz

Vor nicht allzu langer Zeit (am 22.02.2022) erschien in der Gesamtausgabe der Allgemeinen Zeitung Mainz ein ganzseitiger Hintergrundbericht zum Thema Angst. Der Titel: „Wenn die Furcht das Leben beherrscht". „Atemnot, Herzrasen, Zittern und vor allem Schweißausbrüche sind die klassischen Symptome", schrieb die Verfasserin und verwies auf eine unbedingte Behandlungspflicht. Angststörungen sind im Vormarsch. Nicht nur jetzt durch das fürchterliche Kriegsgeschehen in der Ukraine. (...)

Im Lukas-Evangelium (22, 39-46) erfahren wir, wie Jesus selbst mit seiner eigenen Angst umgeht: „In seiner Todesangst betete Jesus noch angespannter, und sein Schweiß tropfte wie Blut auf den Boden." Wie oft habe ich bei meinen schwerkranken Patienten diese Vor-Todes-Szene, diesen Zyklus von Angst, Todesschweiß und Untergang erlebt. Aber was ist bei Jesus anders? Nichts! Für Leute, die aber alles selbst – fast zwanghaft – unter Kontrolle haben wollen, ist dies natürlich keine Anleitung zur Lebensbewältigung. (...)

Ein Beispiel aus meiner Praxis: In meinen therapeutischen Kursen gibt es jeweils am Beginn der Übungsabende folgende Formeln (ich verkürze es hier natürlich!): „Ich muss jetzt nichts tun, ich muss nichts bewältigen, ich muss nichts erzwingen, ich darf mich fallen lassen und ruhig werden, ganz ruhig – eine tiefe innere Ordnung wird mich ab jetzt (!) behüten." Die Patienten können diese Übung in erstaunlicher Weise leicht in sich integrieren und fühlen sich dabei gelöst und getragen. (...)

Dieser Weg zur inneren Ordnung – das ist auch der Ölberg-Weg Jesu mit seiner Deutung: „Dein Wille geschehe!" Das ist für ihn Bekämpfung der Angst! Deshalb müssen wir den eigenen Ölberg in uns aushalten. Dabei soll er uns als Heil- und Entscheidungsort nicht verloren gehen. (...)

Der strenge Intellektualismus in der Theologie aber hat uns für diese barmherzige Gestalt Jesu leider eher blind gemacht. Schade. Ein Gott, der zu kirchenförmig gedacht wird, hindert die Kirche daran, gottesförmig zu werden, so hat es einmal Kurt Marti, evangelischer Pfarrer und Schriftsteller, beschrieben. (...)

Angstvolle Ölberg-Wege und Prüfungs-Wege kreuzen ständig unser Leben. Darauf können wir leider nicht immer vorbereitet sein. Aber in der akuten Situation können wir um Hilfe und Beistand beten und bitten: Ich opfere Dir, Vater, meine Angst! Du führst mich aus der Finsternis zum Licht. Du weißt um meinen Schweiß und um mein Blut. Lass dieses Blut nicht sinnlos auf den Boden fallen. Denn ich will Dir nicht verloren gehen. Schenke Vergebung, Zuversicht und Hoffnung. Befreie mich aus meiner Angst. Nur deshalb geschehe Dein Wille. Amen.

Zum Ritual einer Krankensalbung

Einst wurden Könige gesalbt. Schalen mit duftendem Öl wurden gereicht. Heute werden unsere Handflächen und unsere Stirn berührt. Das öffnet die Türen meiner Seele. Gott ruft uns – mit unserem Namen.

Das berührt meinen inneren Raum – ein heiliger Ort in mir. Wenn ich gesalbt werde, spüre ich Wärme und Gnade. Ich darf wieder bewusst Atmen, Vertrauen und neu hoffen.

Das richtet mich auf und vertreibt meine Angst und meine Dunkelheit. Ich darf wieder vertrauen – in das Morgen. Darf Mut und Hoffnung finden, heute!

Gott, Du Schöpfer, breitest die Flügel aus; wirst zum Freund in meinem Leid – besonders in Krankheit und Sorgen. Du salbst nicht nur meinen geschundenen Körper, Du salbst auch meine Seele, die in meiner schwachen Psyche zu Hause ist.

Wenn Du meine Seele aufrichtest, mich befreist von meinem Grübeln und von meinen dummen und depressiven Gedanken löst, heilst Du mich ganz! Das weitet mein Herz, gibt meiner Lunge Luft und meinem Atmen Zuversicht.

Die Kranken- und Lebenssalbung segnet meine Herkunft, meine Geschichte und meine Zukunft.

Wenn meine Stirn berührt wird, denke ich wie am Aschermittwoch auch an meine Vergänglichkeit in Gottes Ewigkeit.

Werde ich wie ein König gesalbt, webt sich Gott in mein Leben ein. Die Heiligen Öle befreien mich von allem, was wehgetan hat: Wunden heilen!

In und durch Gottes Gnaden erfahre ich einmal mehr – durch diese Salbung zum Leben – wie mich der heilende Hymnus der Liebe Gottes bewegt, trägt und festigt.

Für alles gibt es eine Zeit: auch für das Aufgerichtet werden!

So reihe ich mich und die Sorgen meines Lebens in Gottes Segen ein. Amen.

(Lourdes, am 17. Juni 2019, unmittelbar vor einer Krankensalbung)

Gebet eines Arztes am Abend für seine Patienten

Herr, nichts existiert alleine,
alles hängt mit allem zusammen.
Mit dem Ende des Tages beginnt schon der nächste Tag.
Du bist der Morgen und der Abend.
Das Alpha und das Omega – auch für mich selbst, Deinem Werkzeug.

Du bist den langen Tagesweg heute mit mir gegangen.
Keine Sekunde war ich ohne Dich.
Du bist das Leben, das ich suche.
Lass mich Dich heute möglichst oft
gefunden haben.
In allen Dingen, in den Menschen und in meinen Patienten.
Was Du mir schickst, will ich annehmen.
Erfolg und Misserfolg, Freude und Leid.

Lass den Abend nicht zu einer Bekümmernis werden.
Vermeide meine eigene Angst
und die Angst und die Schmerzen meiner Patienten selbst.
Bleibe bei mir, wenn nach dem Abend eine Nacht der Dunkelheit folgt.

Die Nacht des Zweifelns und der Anfechtung,
die Nacht des bitteren Todes.
Werde Du zum Licht meiner schwerkranken Patienten.
Wache Du mit ihnen –
einem neuen Morgen und einer neuen Zuversicht entgegen.

Segne die Menschen in und aus meiner Praxis.
Heile Du ihre Seelen und ihre alten und schwachen Körper,
denn Du bist der wirkliche Arzt,
der Heiland, Du der Hirte. Amen.

(November 2022 während einer Sterbebegleitung)

Ein Kinder-Gebet, das zum Himmel steigt

Über das Weihrauch-Ritual im Kinder-Gottesdienst

Guter Gott, wir leben in einer Welt, die uns Angst macht.
Wir brauchen deshalb Deine Hilfe – nicht nur im Schul-Alltag, sondern immer.
Wir möchten, dass Du uns nicht übersiehst.
Deshalb legen wir als Zeichen unserer Hoffnung
diese bunten Weihrauchkörner auf die brennenden Kohlen dieser Weihrauchschale.
Dieser wohlriechende Weihrauch soll als unser Gebet bis zum Himmel steigen. Amen.

Guter Gott, wir leben in der Schule mit vielen anderen Kindern zusammen.
Manche Kinder sprechen sogar eine andere Sprache, trotzdem glauben fast alle an Gott.
Wir möchten, dass Du uns alle verstehst.
Deshalb legen wir als Zeichen unserer Gemeinschaft
diese bunten Weihrauchkörner auf die brennenden Kohlen dieser Weihrauchschale.
Dieser wohlriechende Weihrauch soll als unser Gebet bis zum Himmel steigen. Amen.

Guter Gott, in unseren Familien wird zu wenig über Dich gesprochen.
Einige Erwachsene glauben sogar, sie brauchen Dich nicht mehr.
Nur Oma und Opa denken anders.
Wir möchten aber, dass Du mehr in unserer Nähe bist und uns bei Streitigkeiten hilfst.
Deshalb legen wir als Zeichen unseres Vertrauens
diese bunten Weihrauchkörner auf die brennenden Kohlen dieser Weihrauchschale.
Dieser wohlriechende Weihrauch soll als unser Gebet bis zum Himmel steigen. Amen.

(Beim fastnachtlichen Kinder-Gottesdienst am 12. Februar 2023 in Ginsheim)

Keine Weisheiten für die große und weite Welt, aber wichtige Merksätze für Dein kleines und farbenfrohes Leben

Hier die wichtigsten Therapiesätze aus meinen Therapiestunden, in der Regel mit meinen Patientinnen und Patienten gemeinsam als LEBENS-MERKSÄTZE entworfen. Selbstverständlich haben diese auch eine große Gültigkeit für viele andere Menschen (nicht selten wurden diese Merksätze auf den Badspiegel geklebt).

1. Vergiss nie, dass Du trotz aller Einschläge einmalig bist.

2. Deine Fehler waren nie umsonst, Du hast aus ihnen am meisten gelernt.

3. Hoffnung ist nie eine Illusion. Nutze sie als Energie, schon jetzt in diesem Augenblick.

4. Gib Dir selbst die Ehre, wichtig zu sein, auch wenn Du es im Augenblick noch nicht erkennst.

5. Achte darauf, dass Du in Deinem Leben stets auch selbst genügend vorkommst. Heiße Dich selbst in Deinem Leben immer herzlich willkommen.

6. Bewahre Dir die heiligen Momente des eigenen Lebens, sie gehören zu Dir. Wisse, dass Gott Dich unentwegt erschafft, nicht nur am Tag Deiner Geburt.

7. Spreche Deine Sorgen und Befürchtungen rechtzeitig aus. Denke daran: Es ist immer Zeit, andere und Gott um Segen zu bitten.

8. Klopfe Dir vor dem Spiegel auf die Schulter und sage: „Ich bin stolz auf Dich." Wisse, Deine Biographie hat Höhen und Tiefen; verbinde sie zur Dankbarkeit.

9. Trotz vieler Enttäuschungen, liebe und schenke weiter – auch morgen und übermorgen.

MEDITATIONEN, IMPULSE UND GEBETE

10 Auch wenn Du ganz aufgewühlt bist, atme ruhig ein und ruhig aus. Jeder Atemzug schenkt Dir Zuversicht.

11 Alter ist kein Grund zur Resignation. Schon morgen wird Deine weitere Zukunft bei Dir anklopfen.

12 Denke nach – bete darüber – freue Dich – und bete: Das ist Chancen-Verwertung.

13 Lass Dich nicht einschüchtern, auch nicht vom eigenen Selbstmitleid. Andere haben oft ein besseres Bild von Dir als Du selbst. Freue Dich darüber.

14 Dusche, bade und creme Dich ein. Dein Körper ist wie Deine Seele ausgetrocknet. Höre nicht auf, nach dem Glück Deiner Seele zu suchen. Es kreist um Dich. Packe es.

15 Es ist nie zu spät, etwas Neues zu lernen. Lerne malen: Mal Dich zu Deiner Mitte. Die Welt will immer neu entdeckt werden, auch Deine innere Welt.

16 Der Perfektionismus ist Dein Feind. Entlarve ihn in seiner hässlichen Wurzel. Auch die Mittelmäßigkeit ist ein lohnenswertes Ziel: jedenfalls stets erreichbar und immer ausreichend. Auch die Schulnote „4" reicht aus.

Fernblick

„Alles hat seine Zeit", „Alles hat seine Wege" und „Alles findet sich" ist ein dreistufiger Ansatz für jene Gelassenheit und Achtsamkeit, die wichtig für unser Leben ist. Leben ist immer Anstrengung. Leben heißt aber auch, sich wandeln. Ein Schwerpunkt des Lebens kann in Gott liegen. Womöglich haben Gottes Ferne oder seine Nähe sogar etwas mit den Abstürzen und Aufstiegen des Menschen zu tun. Wir wissen es nicht. „Wie soll ich das alles verarbeiten", ist eine häufig gestellte Frage in der ärztlichen Sprechstunde. Das Leben ist immer eine Suche. Vielleicht muss der Mensch auch lernen, mehr und öfters durchs Fenster nach draußen zu schauen. Es ist wunderbar zu sehen, wie in der Stille des Alltags sich auch manches erhellt, vor allem wenn sich ein zeitlicher Abstand ausbreitet.

Leo Tolstoi sagte: „Die ganze Schönheit des Lebens setzt sich immer aus Licht und Schatten zusammen." Das klingt gut. Leben ist also nie ein Entweder-oder, sondern immer ein Sowohl-als-auch. Immer sind es sozusagen die magnetischen Pole, die die Spannung unseres Lebens prägen: Freude und Leid, Aufwärts und Abwärts, Verwundung und Heilung, Erhellung und Verdunkelung, Lob und Tadel oder auch Krisen und Wachstum. Aber niemals verharrt das Leben (dauerhaft) nur in einem „Magnetfeld". Das Leben hat mehr zu bieten – oder?

Nachwort

Der Schweizer Arzt und Tiefenpsychologe Carl Gustav Jung, meist kurz C.G. Jung abgekürzt, ist 1961 verstorben. Aber in seinen unzähligen Büchern, Aufsätzen und Briefen lebt er bis heute weiter. Vornehmlich beschäftigte er sich mit der uralten Frage nach dem Sinn von Krankheiten und Leiden und nach den Möglichkeiten des Heilens. Generationen von Studenten haben seine Arbeiten gelesen und darüber diskutiert, meist kontrovers. Bemerkenswert ist seine gesamte Korrespondenz zwischen ihm und seinen Schülern. Einer seiner vielen Briefe blieb auch bei mir – nicht ohne Grund – sehr nachhaltig oder, noch deutlicher gesagt, bis zum heutigen Tag festgezurrt.

Carl Gustav Jung schrieb an einen seiner Schüler:

„Sie haben recht, wenn Sie meinen, dass die Religion eigentlich
berufen wäre, seelische Leiden zu heilen. Ich bin immer für diese Idee,
auch im ärztlichen Gebiet, eingetreten. Was sind Religionen?
Die Religionen sind psychotherapeutische Systeme.
Was tun denn wir, wir Psychotherapeuten?
Wir versuchen, das Leiden des menschlichen Geistes,
der menschlichen Psyche oder der menschlichen Seele zu heilen,
und die Religionen befassen sich mit dem gleichen Problem.
Deshalb ist Gott selbst ein Heiler;
er ist Arzt, er heilt die Kranken,
und er befasst sich mit den Störungen der Seele;
und das ist genau, was wir Psychotherapie nennen.
Es ist kein Spiel mit Worten,
wenn ich die Religion ein psychotherapeutisches System nenne.
Sie ist sogar das ausgefeilteste dieser Systeme,
und es liegt eine große praktische Wahrheit dahinter."

(*Carl Gustav Jung*)

Genesung durch Gedanken – mit Bildern, die begleiten

In seiner Heimat, dem Rhein-Main-Gebiet, ist Dr. Peter A. Schult bekannt wie ein bunter Hund. Das Verlagsteam kannte ihn schon lange, bevor er mit seinen tröstlichen Gedanken im Alltag in der Zeitung »Neues aus der Mainspitze« zum „Mann von Seite zwei" wurde. An seine unsichtbaren Geschenke erinnert sich jeder, der mal Patient seiner Hausarztpraxis in Astheim, Klient in seinem Raum für Psychotherapie in Ginsheim oder Zuhörer seiner Predigt im Mainzer Dom war. Doktor Schult verwandelt Alltagssorgen in Geschichten, die vor den geistigen Augen seiner Zuhörer und Leser zu Bildern werden – aufgenommen aus der Vogelperspektive. Seine greifbaren Gedanken bleiben, ermutigen und trösten – wann auch immer man sie braucht.

Hätte Dr. Peter A. Schult dieses Buch nicht schon früher schreiben können? Einerseits ja, denn die Nachfrage war da. Andererseits nein, denn alles hat seine Zeit. „Ein guter Marathonläufer lässt sich nicht davon irritieren, wenn andere an ihm vorbeilaufen", lautet eine seiner Metaphern, mit der er bei Turbulenzen bei uns im Mainspitz Verlag häufig zitiert wird. Vielleicht beantwortet dieses Bild ja die eben gestellte Frage – uns begleitet sein greifbares Gedankengeschenk auf jeden Fall bereits seit Jahren.

Wir freuen uns auf viele weitere Gedanken!

Andrea, Axel und Frauke
www.neuesausdermainspitze.de

Inhaltsverzeichnis

Persönliches Vorwort des Autors und Einleitung — 6

Jahresbeginn, Frühling und Gestalten – 19 Kolumnen — 10

Sommer, Freizeit und Erleben – 17 Kolumnen — 48

Herbst, Ernte und Besinnung – 19 Kolumnen — 84

Winter, Weihnachten und Licht – 17 Kolumnen — 122

Meditationen, Impulse und Gebete — 156

Die schönsten 16 persönlichen Weisheiten und Merksätze — 170

Nachworte — 172